COMMENT ÉPATER VOS 9-13 ANS

AVANT QU'IL NE SOIT TROP TARD

spécial filles

ISBN : 979-10-30102-82-6
Dépôt légal : avril 2019
Imprimé en France par Pollina - 88307

Tana éditions, un département d'Édi8
Site de l'éditeur : www.tana.fr
Site de l'auteur : raphaelevidaling.fr

COMMENT ÉPATER VOS 9-13 ANS

AVANT QU'IL NE SOIT TROP TARD

spécial filles

textes, photos et mise en pages
RAPHAËLE VIDALING

Tana
éditions

Chupa Chups
Chupa Chups

INTRODUCTION

Il faut bien avouer qu'il est loin le temps où vous pouviez épater votre fille en lui faisant des couettes ou des crêpes. Les premières, elle n'en veut plus. Les secondes, elle se les fait toute seule. Ou plutôt avec ses copines, en riant de toutes ses dents cerclées de métal (vous appeliez ça un appareil, elles disent des bagues : ne rivalisez pas de poésie avec la jeunesse, elle aura toujours le dernier mot, et c'est ce qui est beau).

Néanmoins, si vous ne pouvez plus lui faire le coup de la petite souris qui glisse un cadeau sous son oreiller, votre fille n'a pas renoncé pour autant à la magie. Par exemple, celle du détournement des objets du quotidien à usage décoratif (bricoler un abat-jour avec un simple rouleau de ruban adhésif), celle des expériences culinaires (comment faire des blancs en neige sans œufs) ou du grand laboratoire des produits de beauté (bombes de bain et patch de cactée).

Les supports changent, mais les étoiles dans les yeux restent, et vous avez encore une place pour les allumer. Bientôt ces jeunes filles iront briller sous d'autres boules à facettes et joueront de l'épate à leur tour, mais émerveillez-vous de cette belle éclosion et profitez des élans de joie de cette préadolescence pétillante pour partager l'enchantement à sa source. Il suffit souvent de trois fois rien : une ampoule en panne qui devient un verre de fête, un sapin de Noël recyclé en chaufferette... Il suffit souvent de continuer à voir l'or dans l'ordinaire.

SOMMAIRE

74. ATELIER BRICO-CRÉATIF

100. EXPÉRIENCES

120. MIAM !

Mode et beauté

LES ONGLES OURSONS KAWAÏ ("TROP MIGNONS" EN JAPONAIS)

MATÉRIEL

DU VERNIS BRUN OU GRIS (OU LES DEUX)
DU VERNIS PROTECTEUR INCOLORE
UN CORRECTEUR BLANC
UN MARQUEUR NOIR TRÈS FIN

COMMENT FAIRE

1 Recouvrir les ongles du fond de couleur choisi : brun ou gris. On peut aussi, comme sur la photo, faire un ongle de couleur différente. Bien laisser sécher.

2 Dessiner un ovale blanc à l'aide d'un correcteur à pointe fine. Bien laisser sécher à nouveau, sous peine de frôler la catastrophe !

3 Dessiner les deux yeux au marqueur fin, bien écartés et assez bas, pour faire plus mignon.

4 Quand le feutre indélébile est sec, passer une couche délicate de vernis à ongles protecteur transparent pour consolider.

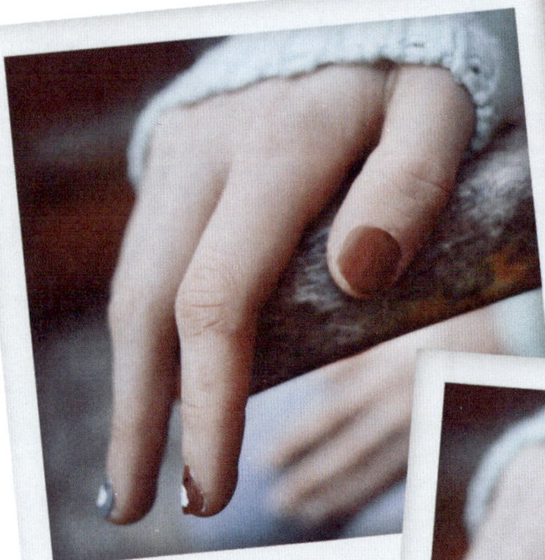

D'abord un fond brun

Puis le museau en blanc.

Et enfin les tracés fins en noir.

UNE ATÉBA
DANS LES CHEVEUX

MATÉRIEL

DES FILS DE LAINE DE PLUSIEURS COULEURS
DES CISEAUX

COMMENT FAIRE

1 Choisir trois, quatre ou cinq couleurs de laine qui s'harmonisent bien. Couper ces fils de trois fois la longueur des cheveux (pas grave s'ils sont trop longs : on les coupera, ou s'ils sont trop courts : on pourra en ajouter en faisant un nœud).

2 Accrocher l'extrémité des fils en haut d'une fine mèche de cheveux avec un petit morceau de fil. Attention ! Quand on voudra se débarrasser de l'atéba, il sera difficile de tout dénouer, le plus simple sera de couper la mèche tout entière. Si elle est très visible en haut du crâne (hum… notre erreur sur la photo !), la coupe donnera naissance à un épi disgracieux. Donc il vaut mieux choisir une mèche un peu cachée.

3 Faire une boucle avec l'un des fils comme sur la photo, qui viendra encercler toute la mèche de cheveux ainsi que les autres fils. Bien serrer.

4 Répéter l'opération soit avec le même fil, soit en changeant de couleur, et ainsi de suite.

5 On peut continuer ainsi jusqu'à l'extrémité de la chevelure ou au-delà. Faire un nœud bien serré et couper les fils qui dépassent.

LA COIFFURE ILLUSION D'OPTIQUE COCA-COLA®

Une coiffure pour les brunettes !

Si vous êtes blonde, choisissez plutôt une bouteille de limonade.

MATÉRIEL

UNE AMIE AVEC DES CHEVEUX BRUNS
UNE PETITE BOUTEILLE DE COCA-COLA® VIDE
UN GOBELET
UN CUTTER
UN ÉLASTIQUE
UNE CUILLÈRE EN BOIS
UNE ÉPINGLE À CHEVEUX

COMMENT FAIRE

1 Bien nettoyer et sécher la bouteille en plastique.

2 La fendre sur le côté à l'aide du cutter sur environ 3 cm.

3 Faire une queue-de-cheval très haute et bien serrée, sur le haut du crâne.

4 Entortiller les cheveux pour les faire passer dans la bouteille à travers la fente, puis les faire ressortir par le goulot. Rapprocher la bouteille le plus près possible du crâne, jusqu'à englober l'élastique dans la fente, si possible, pour une meilleure fixation.

5 Passer le manche de la cuillère en bois dans le goulot pour repousser un peu les cheveux dans la bouteille et faire en sorte qu'ils y occupent tout l'espace (ce sont eux qui donnent la couleur Coca).

6 Arranger harmonieusement l'extrémité des cheveux afin qu'ils semblent tomber dans le gobelet. Fixer celui-ci à la mèche avec une épingle qui ne se verra pas beaucoup. (Si on est très perfectionniste, on peut scotcher un morceau de fil à l'intérieur du verre et du goulot de la bouteille pour maintenir ce verre sans épingle.)

ORIGINAL TASTE
Coca-Cola
MY RULES

LE CHIGNON DONUT

MATÉRIEL

UNE VIEILLE CHAUSSETTE
DES CISEAUX ET UN CUTTER
DEUX ÉLASTIQUES
UNE PETITE ASSIETTE JETABLE
DE LA COLLE BLANCHE
DES DÉCORATIONS À GÂTEAUX
DU PAPIER CUISSON
DES ÉPINGLES À CHEVEUX

COMMENT FAIRE

1 La veille, faire couler de la colle sur une feuille de papier cuisson de façon à former un anneau, puis y saupoudrer des décorations colorées comme sur un gâteau.

2 Laisser sécher près d'un radiateur jusqu'à ce que la plaque de colle se détache facilement du papier cuisson. Elle deviendra un peu transparente et souple : on l'utilisera pour parfaire l'illusion de donut.

3 Couper l'extrémité arrondie de la chaussette et rouler le reste sur lui-même de façon à former un boudin circulaire : c'est lui qui donnera la forme de donut aux cheveux. Plus la chaussette est épaisse, plus le chignon sera gros.

4 Percer l'assiette jetable en pratiquant des fentes en étoiles au centre, à l'aide du cutter.

5 Attacher les cheveux en queue de cheval très serrée et haute. La faire passer à travers le trou de l'assiette.

6 Enfiler le donut de chaussette autour de la queue-de-cheval, puis étaler les cheveux en large corolle de façon à le recouvrir harmonieusement. Passer un second élastique autour des cheveux, à la base du donut, puis enrouler les mèches pour les faire disparaître sous cette base.

7 Fixer la décoration en colle à l'aide d'épingles, quitte à la percer discrètement.

On en mangerait !

Le passage délicat du second élastique.

Sur le même principe, on peut faire deux petits chignons cupcakes, à partir de deux couettes roulées dans des moules décoratifs en papier.

LA CEINTURE EN BOUTONS MULTICOLORES

MATÉRIEL

ENVIRON 35 BOUTONS À 4 TROUS
DE LA FICELLE DE CUISINE
UN PISTOLET À COLLE

Un peu de patience, mais la technique est facile.

COMMENT FAIRE

1 Passer un morceau de ficelle autour de sa taille pour la mesurer. Compter quelques centimètres supplémentaires (l'équivalent de trois boutons).

2 Étendre ce bout de ficelle sur le plan de travail et utiliser cet étalon pour préparer l'alignement des boutons, en veillant à harmoniser les couleurs.

3 Couper un morceau de ficelle correspondant à deux fois cette longueur choisie, plus quelques centimètres de sécurité pour faire la boucle finale et le nœud.

4 Enfiler un bouton dans la ficelle en la passant dans deux de ses trous et le positionner au milieu de cette longue ficelle : il formera l'une des extrémités de la ceinture.

5 Réitérer l'opération en enfilant à la main tous les boutons, sans les faire se chevaucher et sans laisser d'espace libre entre eux.

6 Terminer par une petite boucle de ficelle nouée : on fermera la ceinture en passant cette boucle dans l'un des derniers boutons au choix (elle sera donc réglable).

7 Retourner la ceinture sur le plan de travail et déposer des petits points de colle, à l'aide du pistolet, sur les trous garnis de ficelle, côté verso, afin d'éviter que les boutons ne glissent entre eux. C'est prêt !

Un joli petit serpent coloré qui enchante un jean.

LE JEAN TROUÉ

VERSION GIRLY CHIC

MATÉRIEL

UN JEAN TROUÉ
UN PETIT MORCEAU DE TISSU À MOTIFS
DU FIL FIN QU'ON VERRA PEU
DU FIL À BRODER PLUS ÉPAIS
DU FIL DORÉ FIN (FACULTATIF)
DES AIGUILLES DE TAILLES APPROPRIÉES
DES ÉPINGLES DE COUTURE
DES CISEAUX

COMMENT FAIRE

1 Choisir le morceau de tissu qui va bien avec la couleur du jean. En découper une pièce légèrement plus grande que le trou. La passer à l'intérieur et la faire tenir en place à l'aide des épingles.

2 Coudre ce morceau de tissu sur le jean en faisant le tour de l'accroc avec du fil fin, que l'on ne verra pas vraiment quand il sera recouvert par le fil à broder. Il sert à maintenir le tissu et à donner une première forme au trou. On peut choisir de laisser apparentes les effilochures ou de les couper.

3 Retirer les épingles et broder le tour avec le fil plus épais. On peut choisir des points réguliers ou alterner avec des croix, voire une petite zone de tissage.

4 Broder quelques petites étoiles ou des croix en dehors du trou. Sur la photo, on en a ajouté aussi avec du fil doré fin, pour introduire un contraste de couleur et de matière.

Le jean dans son état initial et le morceau de tissu choisi.

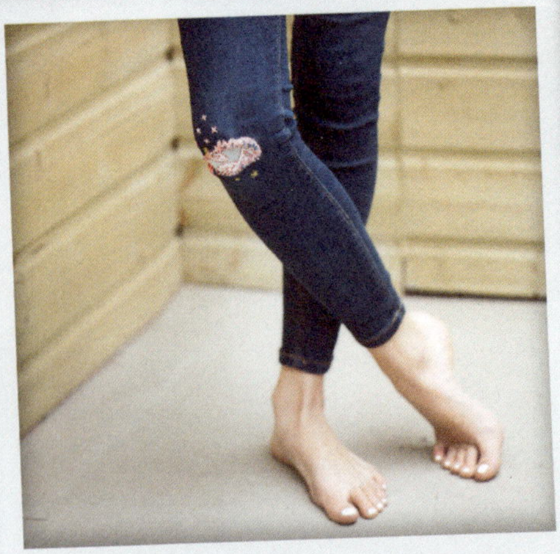

Le résultat, ou comment faire d'un accroc un bijou.

LES TATTOOS D'AMITIÉ

POUR UN JOUR OU POUR TOUJOURS

MATÉRIEL

UNE FEUILLE ET UN CRAYON POUR S'ENTRAÎNER
UN MARQUEUR TRÈS FIN
UNE BONNE COPINE

Avec deux doigts d'humour et une pointe d'imagination...

COMMENT FAIRE

1 S'amuser à chercher des idées de dessins soit qui vont par paire (comme deux verres que l'on entrechoque, la lune et le soleil...) soit que l'on peut couper en deux (un avocat, une flèche, le symbole yin et yang, un papillon...). S'entraîner sur une feuille de papier pour se mettre d'accord.

2 Trouver aussi l'endroit du corps où l'on aura envie de dessiner le tattoo. On peut choisir des membres que l'on mettra en parallèle (poignets, coudes ou chevilles, par exemple) ou bien des zones du corps qui se toucheront (comme les doigts entrecroisés) pour prolonger le dessin en continu. On peut aussi exploiter la forme naturelle de cette partie du corps pour l'inclure dans le dessin, comme le yin et le yang qui épousent les articulations de la main (on peut exploiter de la même façon la courbure de la plante du pied, vue de profil).

3 Dessiner avec un feutre indélébile très fin sur la peau bien sèche... en essayant de ne pas rire. Et il sera bien temps d'envisager de vrais tatouages plus tard, car l'amitié a ses hauts et ses bas, ses passions et ses revers, mais ce qui compte, c'est surtout l'intensité du partage au moment présent.

4 On peut aussi imaginer des tatouages pour trois amies, voire pour toute une bande, comme un dessin qui se poursuit de bras en bras, quand on les met tous côte à côte (par exemple un envol de mouettes ou bien les quatre symboles des cartes à jouer).

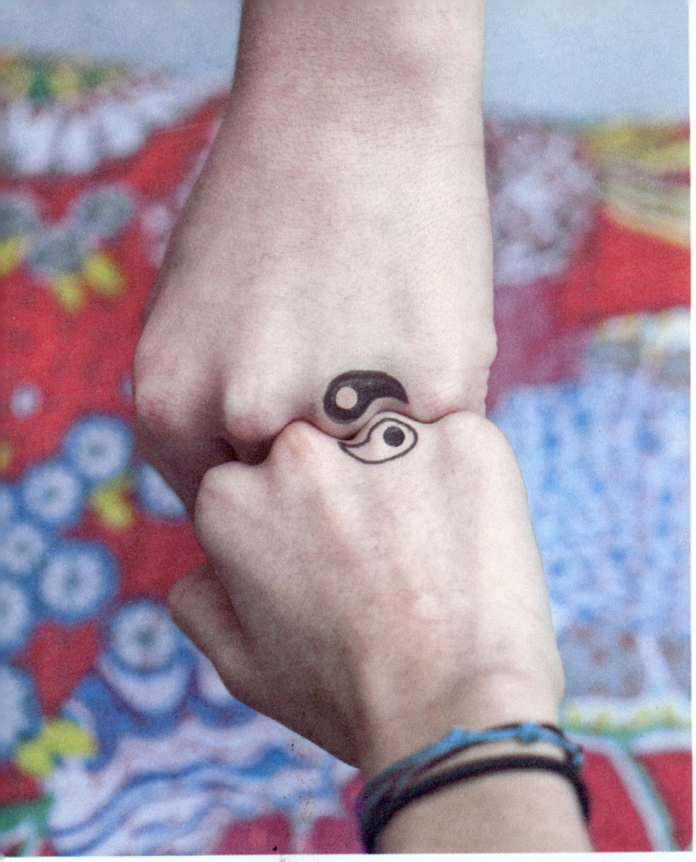
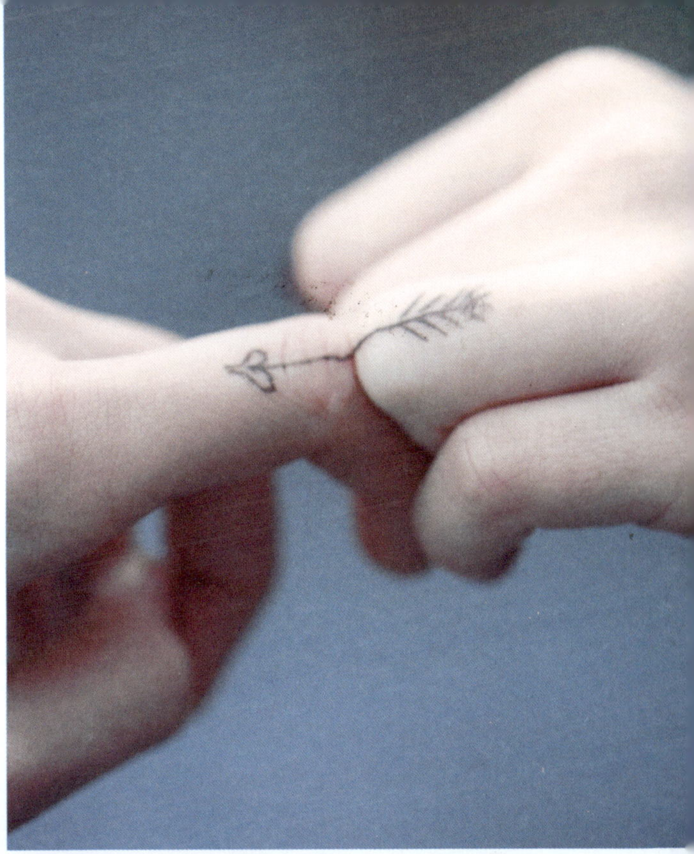

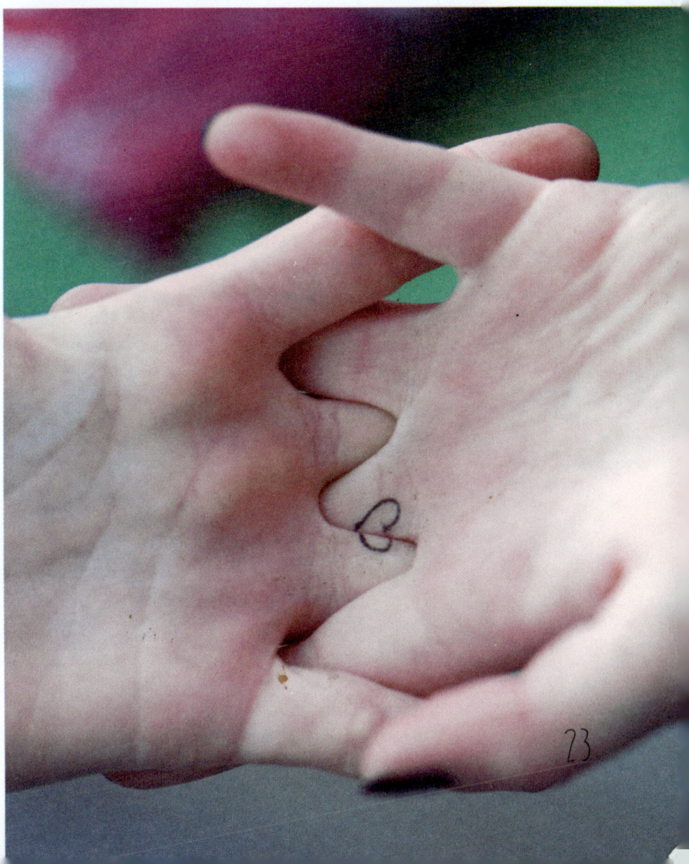

LE PENDENTIF DIFFUSEUR DE PARFUM

MATÉRIEL

DU COTON HYDROPHILE (DE TOILETTE)
DES FILS DE COULEUR
DU FIL MÉTALLIQUE SOUPLE
UNE PINCE COUPANTE
UNE PETITE ÉCHALOTE
UNE CHAÎNE OU UN CORDON
DU PARFUM OU DE L'HUILE ESSENTIELLE

La cage peut aussi sertir une petite pierre.

COMMENT FAIRE

1 Choisir l'échalote qui servira à donner sa forme au bijou. Eh oui, ce n'est pas pour l'odeur qu'on prend une échalote, mais pour sa jolie forme d'ovale allongé et pointu ! On peut prendre un autre objet, bien sûr, mais celle-ci est facile à trouver.

2 Couper un morceau de fil métallique d'environ 40 cm.

3 Placer l'échalote au milieu du fil métallique, les maintenir ensemble d'une main et, de l'autre, entortiller l'une des moitiés du fil jusqu'à l'une des pointes de l'échalote (c'est plus facile de faire ces cercles en allant du plus grand au plus petit). Procéder de la même façon de l'autre côté, avec l'autre moitié du fil.

4 On obtient donc un fuseau torsadé. L'ouvrir au centre pour extraire l'échalote : voilà une petite cage disponible pour accueillir une boulette parfumée.

5 Pour réaliser cette boulette, tasser un petit morceau de coton hydrophile et enrouler autour de lui un fil de couleur, en serrant bien. Renouveler l'emmaillotage avec un fil d'une autre couleur, et ainsi de suite, jusqu'à obtenir une boulette bien ficelée et bien colorée. Glisser le dernier bout de fil sous un autre pour qu'il ne se défasse pas.

6 Placer cette jolie boulette dans la cage, refermer celle-ci et arranger les extrémités du fil métallique afin de former une petite boucle qu'il suffira de passer autour d'une chaîne ou d'un cordon. Couper l'excédent de fil éventuel.

7 Verser une goutte de parfum sur la boulette au moment de porter le pendentif autour du cou. Par exemple de l'huile essentielle d'eucalyptus quand on a le nez bouché !

LE GEL ANTI-ACNÉ À L'ALOE VERA FRAÎCHE

La lame glisse à plat pour retirer la peau.

MATÉRIEL

UNE FEUILLE D'ALOE VERA FRAÎCHE
UNE PLANCHE ET UN BON COUTEAU
UN ROBOT MIXEUR
DU CONSERVATEUR (COSGARD OU EPP)

COMMENT FAIRE

1 Éliminer l'extrémité large de la feuille et faire la première entame là où elle est la plus charnue. En couper une tranche de 3 cm de large.

2 La faire tremper dans un récipient d'eau pendant 15 minutes pour la débarrasser de l'aloïne, le latex jaune qui peut être irritant pour les muqueuses.

3 Égoutter la tranche, la couper en deux, puis séparer la peau et la pulpe (on utilisera les deux).

4 Passer les morceaux de peau sur le visage, côté humide. L'idéal est de le faire le soir afin de laisser l'aloe vera agir pendant la nuit, puis de rincer son visage le matin. Congeler les morceaux de peau restant.

5 La pulpe fraî peut être consommée telle quelle ou mixée dans un smoothie : c'est un véritable pansement bienfaiteur pour l'intestin.

6 On peut aussi en faire un gel cosmétique en la mixant. Si on garde le gel plus de 2 jours, y ajouter 3 gouttes de conservateur. Le reste de la feuille non coupée se conserve 2 semaines au réfrigérateur.

LE BAUME À LÈVRES
EN SUCETTE

INGRÉDIENTS & MATÉRIEL

UNE SUCETTE
DE LA VASELINE
UN STICK DE BAUME À LÈVRES PRESQUE FINI
UN SAC EN PLASTIQUE ALIMENTAIRE
UN MARTEAU
UNE CASSEROLE

L'astuce du marteau et du sac pour réduire la sucette en miettes.

COMMENT FAIRE

1 Préparer le tube : c'est mieux s'il reste un tout petit fond de baume à lèvres qui bouche le fond.

2 Retirer l'emballage de la sucette, mettre celle-ci dans le sac en plastique et la briser en miettes à l'aide du marteau.

3 Mélanger ces brisures avec 1 c. à c. de vaseline. (C'est elle qui apaisera les lèvres irritées : le sucre de la sucette sert à donner la texture solide et le goût.)

4 Faire fondre ce mélange dans une casserole.

5 Le verser dans le tube et laisser prendre. Le tourner avant qu'il soit complètement durci pour pouvoir l'actionner. Si jamais il est bloqué, le mettre quelques secondes au four à micro-ondes pour ramollir le stick, puis le travailler avec les doigts pour qu'il prenne la forme adéquate.

6 Passer sur les lèvres… et se les lécher, miam ! Moins efficace qu'un tube vendu en pharmacie, mais quel bon goût !

Beau comme un vrai, et bon en plus !

LE DÉO NATUREL
FAIT MAISON

INGRÉDIENTS & MATÉRIEL

2 C. À S. D'HUILE DE COCO
1 C. À S. DE BICARBONATE DE SOUDE
2 C. À S. DE FÉCULE DE MAÏS
2 C. À S. DE CIRE D'ABEILLE EN PÉPITES
4 GOUTTES D'HUILE ESSENTIELLE DE TEA-TREE
4 GOUTTES D'HUILE ESSENTIELLE DE CITRON OU LAVANDE
UNE CASSEROLE
UN RÉCIPIENT POUR LE BAIN-MARIE
UN STICK VIDE OU UN PETIT MOULE À GÂTEAU

COMMENT FAIRE

1 Mettre les pépites de cire d'abeille et l'huile de coco dans un bol et les faire fondre au bain-marie dans une casserole d'eau chaude.

2 Y incorporer le bicarbonate et la fécule de maïs. Bien mélanger afin d'obtenir une pâte.

3 Dès qu'elle a un petit peu refroidi, mais avant qu'elle durcisse, ajouter les huiles essentielles. Le tea-tree sert à désinfecter. Le citron ou la lavande aussi, mais on peut les remplacer par d'autres odeurs selon ses goûts.

4 Verser dans un contenant, moule ou stick vide (avec cette quantité, il y a de quoi remplir les deux). Laisser figer avant de les utiliser par simple application sur les aisselles propres.

Version cupcake.

Version récup' de stick.

Ce qui fonctionne pour neutraliser les odeurs, c'est principalement le bicarbonate de soude. La cire sert à donner la consistance et à adoucir, aidée en cela par la fécule. En été, il se peut que le déo se ramollisse. S'il devient trop pâteux (ce qui n'empêche pas son efficacité), le conserver au réfrigérateur.

Petit matériel perso

LE PORTE-MONNAIE
QUI VAUT AU MOINS UNE BRIQUE

MATÉRIEL

UNE BRIQUE DE JUS OU DE LAIT AVEC BOUCHON VISSÉ
DES CISEAUX
UN CUTTER DE PRÉCISION
UNE AGRAFEUSE
DU MASKING TAPE (FACULTATIF)

COMMENT FAIRE

1 Aplatir la brique et en supprimer les deux extrémités. La rincer et la sécher.

2 Replier vers l'intérieur les côtés en ménageant un long pli central.

3 Replier l'ensemble, bouchon vers le haut, sur un segment qui correspondra à la profondeur du porte-monnaie.

4 Découper ce qui dépasse de cette zone repliée à l'exception du « dos », lequel servira à faire le rabat de fermeture.

5 Replier ce rabat par-dessus le bouchon, bien appuyer pour que le bouchon y laisse une marque. Découper le rabat aux ciseaux (par exemple de forme arrondie) puis découper au cutter un trou dedans, là où le bouchon a laissé une trace.

6 Agrafer ensemble les deux compartiments, à l'intérieur du porte-monnaie. Décorer les bords en collant du masking-tape. On peut aussi en coller sur le bouchon pour le décorer.

1

2

3

4

5

6

Étonnamment souple et solide
pour un usage au quotidien.

UNE COQUE DE TÉLÉPHONE

DANS UNE DRÔLE DE MATIÈRE SOUPLE ET DOUCE

MATÉRIEL

DU SILICONE (ET UN PRESSE-CARTOUCHE)
DE LA FÉCULE DE MAÏS
UN MORCEAU DE CARTON
DU FILM ÉTIRABLE
DE LA COLLE
DES PETITS ORNEMENTS (PIERRES, PERLES...)
DES CISEAUX ET UN COUTEAU POINTU
UN ROULEAU À PÂTISSERIE
DU PAPIER CUISSON

Une fois séchée, la pâte devient malléable mais reste souple.

COMMENT FAIRE

1 Découper un morceau de carton de la taille de la vitre du téléphone, afin de protéger celle-ci.

2 Envelopper le téléphone dans le film étirable, incluant le carton de protection sur la face avant.

3 Verser environ 6 c. à s. de fécule de maïs sur le plan de travail recouvert d'un morceau de papier cuisson, puis presser dessus du silicone (environ la moitié du volume de fécule).

4 Mélanger directement avec les mains, jusqu'à obtenir une boule aussi homogène, lisse et manipulable que de la pâte à modeler. Au besoin, ajouter de la fécule ou du silicone.

5 Saupoudrer un peu de fécule sur le papier cuisson, puis y étaler la pâte au rouleau, jusqu'à obtenir une épaisseur de 4 mm environ.

6 Poser le téléphone sur cette pâte, l'écran vers le haut, et rabattre la pâte sur les bords, de façon à ce qu'elle encadre la façade, avec un petit retour de protection. Découper un cadre propre avec le couteau pointu. Il faut travailler assez vite, avant que le silicone durcisse.

7 Ménager des trous à l'emplacement des boutons et de la caméra.

8 Ajouter des décorations en les enfonçant dans la pâte (sur la photo, des petits cailloux colorés) ou lui imprimer une empreinte décorative.

9 Laisser sécher quelques heures. Dès que la coque est manipulable, la retirer et la tester. Au besoin, la redécouper. Comme la texture est très lisse, les ornements risquent de ne pas tenir. Les retirer afin de les coller dans leurs propres emplacements. On obtient une coque assez épaisse, très protectrice... et unique !

L'EFFACEUR À SURLIGNEUR
AU JUS DE CITRON

MATÉRIEL

UN CITRON
UN PRESSE-AGRUMES
UN PINCEAU À RÉSERVOIR D'EAU

L'astuce du pinceau à réservoir pour emporter son effaceur dans sa trousse.

COMMENT FAIRE

1 Presser le jus du citron et plonger dedans la pointe d'un pinceau ordinaire. Le passer sur une zone de papier comportant des marques au surligneur jaune : le citron agit aussitôt, comme un effaceur classique pour l'encre bleue.

2 Les pinceaux à réservoir sont vendus dans les magasins de beaux-arts ou de loisirs créatifs, par exemple pour faire de l'aquarelle. D'habitude, c'est de l'eau qu'on met dans le réservoir. Pour utiliser cette astuce du jus de citron à l'école, il suffit de verser le jus de citron dans le réservoir à la place de l'eau.

3 On peut aussi jouer à dessiner des lettres ou des motifs en blanc sur fond jaune, comme le cœur sur la photo de droite.

TOUR DE MAGIE EN BONUS

Il se réalise avec un stylo à bille que l'on peut gommer. Saviez-vous que ce qui efface cette encre bien particulière, ce n'est pas la gomme en soi, mais la chaleur qu'elle produit par le frottement ? Pour le vérifier, écrire un message sur un papier avec ce type de stylo et approcher le papier d'une source de chaleur, comme une bougie (sans le brûler !). Quand le papier atteint une certaine proximité avec la flamme, hop !, le message s'efface d'un coup, comme par magie.

S+J

LE SAC SUPERFACILE
DANS UN ANCIEN TEE-SHIRT

MATÉRIEL
UN TEE-SHIRT
UN BOUT DE SAVON
DES CISEAUX
DES ÉPINGLES DE COUTURE
DU FIL ET UNE AIGUILLE

COMMENT FAIRE

1 Bien étaler le tee-shirt et le plier en deux, manche contre manche.

2 Dessiner la découpe comme sur la photo qui permettra de retirer les manches et l'encolure afin de former les deux anses. Les couturières utilisent une craie spéciale pour marquer le contour à découper sur le tissu. On peut la remplacer par un bout de savon, qui laissera une marque discrète et facile à laver ensuite.

3 Retourner le tee-shirt et épingler bord à bord le bas, qui formera le fond du sac. Coudre ensemble les deux ourlets. Et voilà !

Un tee-shirt adoré, hélas devenu trop petit.

Après marquage au savon, la découpe magique.

En voilà un que la petite sœur n'aura pas, tant pis pour elle !

L'ÉTUI DE RANGEMENT
DANS UN FLACON

MATÉRIEL

UN PETIT FLACON EN PLASTIQUE À BOUCHON VISSÉ
UN CUTTER OU UN COUTEAU AIGUISÉ
UNE IMAGE IMPRIMÉE SUR DU PAPIER
OU DU MASKING TAPE DÉCORATIF
DE LA COLLE

C'est le bouchon qui sert de fermeture à l'étui.

COMMENT FAIRE

1 Bien choisir le petit flacon : en plastique un peu souple et surtout avec une base plane (et non pas avec un petit renfoncement, comme la plupart des bouteilles de shampoing), car c'est là que se fera le pli.

2 Entailler les flancs du flacon en commençant par « l'épaule » et en remontant vers le goulot, qui est la partie la plus difficile à couper. Entailler ensuite depuis la fente initiale vers le bas, sans entamer la base. Répéter l'opération de l'autre côté.

3 Plier le flacon sur la ligne médiane qui traverse la base. C'est le bouchon qui tiendra lieu de fermeture.

4 Coller une petite image à l'intérieur du flacon, s'il est translucide, ou le décorer avec du masking tape.

5 Ce petit étui solide et discret peut servir à ranger un câble de téléphone, des écouteurs ou encore une serviette hygiénique de secours, un peu de monnaie ou une barre de céréales faite maison…

LA CHAUFFERETTE PARFUMÉE
EN ÉPINES DE SAPIN DE NOËL

Une façon de prolonger Noël...

Tout doux, tout chauds, les cactus !

MATÉRIEL

QUELQUES BRANCHETTES DE SAPIN ÉPICÉA
DU TISSU ÉPAIS
(SUR LA PHOTO, RÉCUP D'UNE ANCIENNE ÉCHARPE)
UN ROBOT OU UN MOULIN À CAFÉ ÉLECTRIQUE
DES CISEAUX
UNE FEUILLE ET UN CRAYON
DES ÉPINGLES DE COUTURE
DU FIL À BRODER ET UNE AIGUILLE

COMMENT FAIRE

1 Choisir un sapin épicéa et non nordmann : celui qui sent bon et qui perd facilement ses épines. Récolter quelques poignées de ces épines après Noël, quand on est triste de jeter son sapin.

2 Les étaler sur un plateau pour bien les faire sécher, puis les passer au mixeur afin d'obtenir une poudre grossière : ça exhale les parfums et ça pique moins à travers le tissu.

3 Dessiner un cactus sur une feuille de papier, puis découper la forme et l'épingler sur le tissu choisi. Découper le tissu en s'aidant de ce patron. Réitérer l'opération pour obtenir deux formes identiques quand on les met dos à dos.

4 Broder dessus quelques petites étoiles ou des croix pour figurer les fleurs de cactus.

5 Épingler ensemble les deux découpes identiques puis les coudre. Conseil pour la couture : cherchez sur Internet un tuto sur le point de feston et vous verrez comment réaliser très facilement cette bordure brodée.

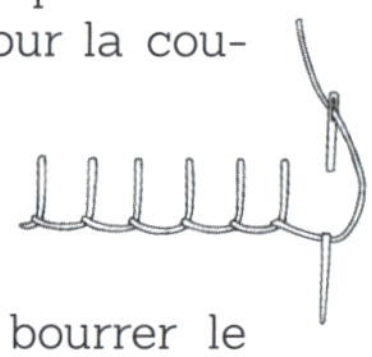

6 Avant d'avoir fait tout le tour, bourrer le cactus avec des épines de sapin hachées, puis terminer la couture au point de feston.

7 Voilà un petit doudou qui sent déjà très bon. Pour le chauffer, le faire passer au four à micro-ondes pendant environ 20 secondes. Hmmm, la bonne odeur de Noël !

DE LA TOILE CIRÉE MAISON
POUR EMBALLER SON GOÛTER

D'abord, frotter une bougie sur le tissu.

Ensuite, la faire fondre avec un sèche-cheveux.

MATÉRIEL

UN COUPON DE TISSU DE COTON LÉGER
(COMME UNE CHEMISETTE TROP PETITE OU ABÎMÉE)
DES CISEAUX
UN RESTE DE BOUGIE
UN SÈCHE-CHEVEUX

COMMENT FAIRE

1 Découper un rectangle de tissu d'environ 25 x 35 cm. Il faut qu'il soit fin pour s'imprégner de cire plus facilement et pour ne pas prendre trop de place dans votre sac.

2 Récupérer un morceau de bougie (si possible blanche !) et la frotter intensément sur le coupon de tissu, recto-verso, pour l'enduire de cire. On peut y passer toute une petite bougie chauffe-plat.

3 Poser le tissu sur une surface facile à nettoyer et passer le sèche-cheveux à quelques centimètres du tissu afin de faire fondre la cire. Au besoin, replier le tissu sur lui-même et renouveler l'opération de chauffe afin que la cire soit bien répartie partout, y compris sur les bords.

4 On obtient ainsi une véritable toile cirée, mais elle ne ressemble pas aux toiles plastifiées du commerce : c'est une matière étrange, à la fois souple et un peu rigide, et juste assez collante pour pouvoir l'utiliser comme emballage d'un goûter ou d'un sandwich, car elle tient fermée toute seule. C'est joli, facile à nettoyer d'un coup d'éponge et écologique, puisqu'elle remplace l'emballage jetable...

TEST D'IMPERMÉABILITÉ

Déco
de chambre d'ado

LE SUPPORT À PHOTO AVEC UNE PAILLE

MATÉRIEL
UNE PAILLE
UN BOUT DE FICELLE
UN CUTTER
UNE PUNAISE
UNE PHOTO OU UN DESSIN

COMMENT FAIRE

1 Couper la paille de la longueur de la photo à exposer ou un petit peu supérieure.

2 La fendre sur toute la longueur avec le cutter.

3 Passer le bout de ficelle dans la paille puis le nouer.

4 Glisser la photo dans la fente ménagée dans la paille et suspendre l'ensemble au mur, sur une punaise. La photo peut facilement être intervertie.

5 On peut aussi fabriquer sur le même principe un cadre complet avec quatre morceaux de paille pour les quatre bords.

Facile à faire, pourvu qu'on prenne soin de couper droit.

Si jamais la photo est trop lourde, ajouter un petit bout de Scotch derrière.

Pour ma
d'amour
que j'aime très très très
fort
Pour ma

L'ABAT-JOUR
EN RUBAN ADHÉSIF

MATÉRIEL

UN ROULEAU DE RUBAN ADHÉSIF COLORÉ
(SUR LA PHOTO, DU RUBAN D'ÉLECTRICIEN PLASTIFIÉ)
DES CISEAUX
DES PAILLETTES ET AUTRES PETITES DÉCORATIONS
UNE LAMPE À PETITE AMPOULE À LED ÉTROITE

Dérouler du Scotch à l'infini : un joyeux parfum d'interdit !

COMMENT FAIRE

1 Découper des petits morceaux de ruban adhésif et les coller à l'intérieur du rouleau de façon à les faire dépasser comme une couronne.

2 Réitérer cette opération autant de fois que souhaité, en élargissant cette couronne, qui prendra naturellement la forme d'un entonnoir.

3 On peut s'amuser à aller très loin, pourquoi pas même jusqu'à dérouler tout le rouleau de ruban adhésif ! Si c'est un jeu que l'on pratique à plusieurs, on peut distribuer un rouleau par personne et chacun peut faire grandir librement sa sculpture. Les mains sont occupées, on peut rire et discuter...

4 Pour en faire un abat-jour, il faudra l'adapter sur une lampe dont l'ampoule est assez étroite pour passer par le trou du rouleau, et qui ne chauffe pas trop. Par exemple une lampe de bureau à LED. On peut tout simplement utiliser un peu de ruban adhésif pour bricoler une fixation.

5 Comme la surface de l'abat-jour est naturellement adhésive à l'extérieur, on prendra plaisir à y verser des paillettes ou à coller toutes sortes de petites décorations. Et puis on allume... et c'est joli de voir les superpositions du ruban en transparence.

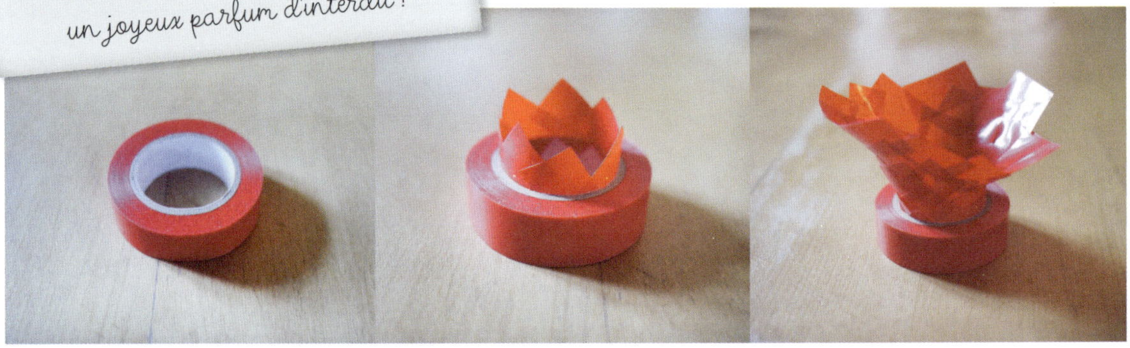

LE MOT À LA FENÊTRE
REPOSITIONNABLE

MATÉRIEL
UN PISTOLET À COLLE
DU PAPIER CUISSON
UN CRAYON À PAPIER
DES PAILLETTES (FACULTATIF)
DU VERNIS À ONGLES (FACULTATIF)

Le papier cuisson : indispensable pour permettre le décollage.

COMMENT FAIRE

1 Écrire un mot au crayon à papier sur une feuille de papier sulfurisé dans une jolie graphie. Contrainte : on ne doit pas relever le crayon, tout doit se tenir en un seul trait continu ! Compter environ 2 ou 3 cm de hauteur pour chaque lettre minuscule.

2 Recouvrir de colle ce modèle en utilisant un pistolet à colle.

3 Si on souhaite le décorer avec des paillettes, vite les renverser sur le mot, copieusement.

4 Laisser sécher, puis décoller le mot délicatement. Si on a choisi l'option paillettes, il suffit de plier le papier pour reverser dans le pot les paillettes qui n'ont pas adhéré.

5 À la place des paillettes, on peut aussi recouvrir le mot en colle avec du vernis à ongles pour le décorer (seulement sur le recto).

6 Humecter un peu la vitre sur laquelle on veut coller le mot, à l'aide d'une éponge humide ou d'un vaporisateur fin. Puis appliquer le mot et appuyer un peu. Normalement, ça tient ! Et on ne résiste pas à l'envie de le prendre en photo sur fond de ciel. Debout ou accroupi pour changer l'angle, de jour ou de nuit, c'est fou comme la photo sera variable…

Nappage généreux de paillettes : on récupérera le surplus ensuite.

Bonheur

Bonheur

LE DIFFUSEUR DE PARFUM D'AMBIANCE EN MINICANETTE

MATÉRIEL

UNE PETITE CANETTE VIDE
UN CUTTER DE PRÉCISION
UN MARQUEUR (FACULTATIF)
UNE BOUGIE CHAUFFE-PLAT
DES HUILES ESSENTIELLES

Un autre modèle plus grand réalisé dans une canette de bière.

COMMENT FAIRE

1 Retourner la canette et découper une ouverture à la base, à l'aide du cutter de précision, de façon à pouvoir faire entrer une bougie chauffe-plat.

2 La décorer éventuellement avec le marqueur indélébile.

3 Verser de l'eau dans le petit creux supérieur, ajouter quelques gouttes d'huile essentielle et allumer la bougie. Veiller à ce qu'il reste toujours de l'eau dans la coupelle

4 Attention ! La canette va vite devenir chaude. Si vous devez la déplacer, prenez-la plutôt par la base que vers le haut, qui est encore plus chaud.

LE CALE-PORTE EN POUPÉE
COULÉE DANS LE CIMENT

MATÉRIEL

UNE POUPÉE MANNEQUIN QUI SERA SACRIFIÉE
UNE BRIQUE DE JUS OU DE LAIT ÉTROITE ET HAUTE
DU CIMENT EN POUDRE À PRISE RAPIDE
UNE BASSINE
UN BÂTON POUR MÉLANGER
DE L'EAU
DES CISEAUX

À peine plus compliqué à faire, un tabouret en ciment coulé dans un moule à gâteau avec un napperon au fond.

COMMENT FAIRE

1 Couper le haut de la brique, laver et sécher l'intérieur.

2 Tester la taille de la poupée dans la brique. Si elle dépasse trop par rapport à l'effet escompté, on peut lui retirer les jambes, ça ne se verra pas.

3 Consulter les proportions indiquées sur le paquet de ciment. En général, on compte 3 volumes de ciment pour 1 volume d'eau. Verser le ciment en poudre dans la brique pour estimer la quantité nécessaire pour un remplissage aux trois quarts.

4 Verser la quantité de ciment choisie dans la bassine. Ajouter l'eau (un quart de la brique) et mélanger. Il faut travailler très vite, car la prise est rapide !

5 Verser le ciment en pâte dans la brique et y enfoncer la poupée en laissant dépasser sa tête et sa main. Laisser prendre. Vite rincer la bassine.

6 Dès qu'il est durci, dégager le bloc de la brique. Voilà un cale-porte bien brut qui fera s'esclaffer les copines à coup sûr...

LE TERRARIUM
AVEC SON ESCALIER MINIATURE

MATÉRIEL

UN GRAND RÉCIPIENT EN VERRE
DES BILLES D'ARGILE
DU TERREAU
DU SABLE OU DU GRAVIER
DES CAILLOUX OU DES ACCESSOIRES DÉCORATIFS
DES PETITES PLANTES
DE LA MOUSSE DES BOIS
3 BÂTONNETS DE GLACE EN BOIS
UN CUTTER
DE LA COLLE
UNE PINCE (COMME SUR LA PHOTO CI-DESSOUS)

L'escalier en colimaçon fait en bâtonnets de glace.

COMMENT FAIRE

1 Pour réaliser le petit escalier, couper les bâtonnets de glace en deux avec le cutter et les coller en colimaçon. Bien les serrer dans la pince et laisser sécher.

2 Disposer un lit de billes d'argile au fond du récipient à usage de drain (pour éviter que les racines pourrissent dans un fond d'eau).

3 Verser ensuite le terreau, éventuellement après une couche décorative de sable coloré.

4 Commencer par mettre les plantes les plusgrandes au fond. Creuser un peu la terre, enfoncer la motte et remettre un peu de terre.

5 Disposer ensuite les plus petites. Si on manipule des cactus piquants, les entourer d'abord d'une écharpe d'essuie-tout plié sur lui-même pour former une bande épaisse qui protège les doigts.

6 Terminer avec la mousse des bois, qui permet de faire la jointure entre les plantes.

7 Disposer l'escalier en colimaçon. Décorer avec le sable, les graviers, les cailloux et les accessoires éventuels. On peut même ajouter des petits personnages en jouets.

8 Privilégier l'arrosage par vaporation d'eau.

LA LAMPE BI-POSITION EN BOÎTE DE CONSERVE

MATÉRIEL

UNE GRANDE BOÎTE DE CONSERVE VIDE
UN CINTRE EN MÉTAL
UN KIT DOUILLE, FIL, PRISE, INTERRUPTEUR
UNE AMPOULE
2 PETITES VIS ET 2 ÉCROUS
DU PAPIER DÉCORATIF
DE LA COLLE
UNE PINCE POINTUE
UNE PINCE COUPANTE
UN TOURNEVIS FIN
UN MARTEAU
UNE PERCEUSE
UNE FINE MÈCHE MÉTAL

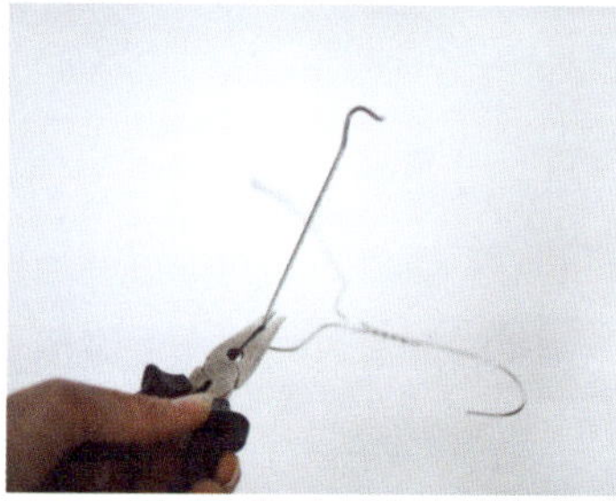

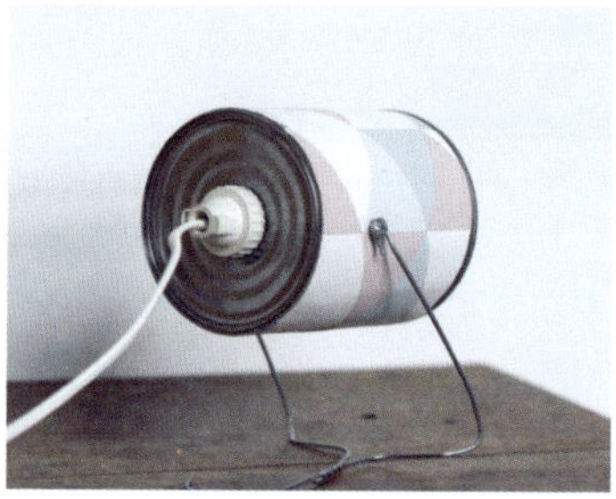

COMMENT FAIRE

1 Tracer au fond de la boîte un cercle de la taille de la douille. Faire des petits trous sur ce tracé à la perceuse, puis, pour achever la découpe du disque, taper sur un tournevis avec un marteau.

2 Percer également deux trous latéraux, à 4 cm du fond, où sera fixé le cintre.

3 Couper le cintre en deux endroits juste après le creux au niveau des épaules et replier ces deux bras pour qu'ils s'ajustent à la largeur de la boîte. Recourber les deux extrémités pour former deux crochets.

4 Recouvrir la boîte de papier décoratif et le coller.

5 Démonter puis remonter la douille en faisant passer le fil dans le trou de la boîte, sans oublier de laisser l'anneau autour du fil mais à l'extérieur, et connecter les fils avant de revisser l'ensemble.

6 Enfiler les vis dans les trous latéraux, y accrocher le cintre et serrer les boulons de l'intérieur.

7 Il ne restera plus qu'à mettre une ampoule. La lampe peut se poser sur une table ou s'accrocher au mur, et elle pivote.

Grâce à l'astuce du cintre, la lampe peut être posée ou bien accrochée au mur.

DES COUSSINS
AVEC DES PULLS DE PETIT

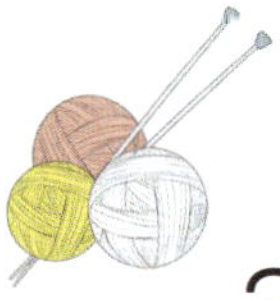

Les pulls avant transformation.

MATÉRIEL

DES COUSSINS
DES PULLS TROP PETITS
DES ÉPINGLES DE COUTURIÈRE
DU FIL ET UNE AIGUILLE
DES CISEAUX

COMMENT FAIRE

1 Récupérer les pulls troués au coude de son petit frère ou les pulls trop petits qu'on aimerait bien garder en souvenir. On peut aussi aller aux puces ou dans un vide-greniers pour chercher exprès des pulls qui feront de beaux coussins.

2 Trouver le coussin de la bonne taille qui correspond à celle du pull, faire des essais.

3 Le mettre à l'envers et couper les manches, en laissant un revers généreux pour que le raccord reste bien caché même si le bord s'effiloche.

4 Épingler les bords puis coudre à l'envers, en gardant de la place pour pouvoir retourner le pull et enfiler le coussin. Terminer la couture à l'endroit. Si on a choisi un gilet, c'est plus facile : on glisse le coussin puis on reboutonne.

5 Sur le même principe, on peut aussi réutiliser un chemisier ou une jupe.

Avec le bout de manche qui reste, on peut bricoler un tricot pour mug.

LA BOULE CHINOISE
EN OMBRELLES DE PAPIER

MATÉRIEL

UN ABAT-JOUR EN SPHÈRE DE PAPIER
DES OMBRELLES À COCKTAIL
UN PISTOLET À COLLE

COMMENT FAIRE

1 Ouvrir les ombrelles et les maintenir en position ouverte en poussant bien haut le petit élastique sur la pique.

2 Piquer une ombrelle dans la boule de papier pour faire un petit trou.

3 La retirer, briser la pique pour n'en garder que la moitié (sinon elle gênera la mise en place de l'ampoule).

4 Déposer une petite goutte de colle sur le trou à l'aide du pistolet, puis piquer définitivement l'ombrelle dedans.

5 Réitérer l'opération avec toutes les ombrelles, en les faisant se chevaucher et en alternant les couleurs.

L'ombrelle bloquée en position ouverte grâce au petit élastique rose.

LA COMMODE CUSTOMISÉE

EN PATCHWORK DE CIELS

Le petit meuble avant. Tout nu, tout blanc.

Il faut souvent découper plus d'images que nécessaire pour avoir le choix.

Conseil : choisir une couleur contrastée pour l'intérieur.

MATÉRIEL

UN PETIT MEUBLE ORDINAIRE
DES CATALOGUES DE VOYAGES
UN CUTTER ET DES CISEAUX
UNE RÈGLE
UN MARTYR (SUPPORT DE DÉCOUPE)
DU MASKING TAPE DÉCORATIF
DU PAPIER DE VERRE
DU VERNIS-COLLE MAT
UN PINCEAU LARGE
UN CHIFFON, UNE SPATULE SOUPLE
OU UNE VIEILLE CARTE BANCAIRE

COMMENT FAIRE

1 Faire le tour des agences de voyages et collecter des jolis catalogues illustrés.

2 En détacher toutes les pages qui comportent des beaux pans de ciel. (Parfois, le choix est difficile parce qu'il y en a au recto et au verso !)

3 Découper ces images avec règle et cutter sur le martyr (ou sinon sur un carton très épais).

4 Si le meuble est en mélaminé, il faut frotter du papier de verre sur toute sa surface pour le rendre un peu moins lisse (pas question de le décaper non plus). S'il est en bois brut, c'est plus simple, ça colle mieux.

5 Commencer par positionner les images les plus grandes à quelques endroits bien visibles du meuble. Les coller avec le vernis-colle, au pinceau.

6 Compléter le patchwork avec les images plus petites, en jouant avec les contrastes de couleur. On peut les faire se chevaucher ou non. Bien enduire de colle les bords des images. On peut aussi mettre généreusement de la colle par-dessus pour parfaire l'encollage des petites pièces.

7 Au besoin, maroufler (c'est-à-dire chasser les bulles d'air en allant du centre de l'image vers l'extérieur) en s'aidant du chiffon, de la spatule souple ou de la carte bancaire usagée.

8 Terminer les finitions avec des morceaux de masking tape pour ménager quelques contre-points colorés.

9 Enduire le tout de vernis-colle pour protéger les images des salissures et de la lumière.

10 On peut aussi recouvrir l'intérieur de papier peint d'une couleur bien tranchée.

LE PETIT PLACARD MURAL
RÉALISÉ AVEC UNE VALISE

MATÉRIEL

UNE PETITE VALISE VINTAGE
UN PETIT MIROIR
DU CARTON ÉPAIS
DES CLOUS DE 3 CM
4 VIS DE 2 CM
2 VIS + 2 CHEVILLES POUR LE MUR
4 RONDELLES
2 BOUCHONS EN LIÈGE
DU RUBAN DE TISSU ADHÉSIF
DU MASKING TAPE
PUNAISES, PAILLETTES ET AUTRES DÉCOS
UN CUTTER
UN MARTEAU
UN TOURNEVIS
UNE PERCEUSE POUR LA FIXER AU MUR

COMMENT FAIRE

1 Mesurer l'intérieur de la valise et découper quatre bandes de carton fort à usage d'étagères. En fixer deux à l'aide de clous.

2 Doubler les étagères (avec les deux autres cartons découpés) pour qu'elles soient plus solides. Coller du ruban de tissu adhésif sur la tranche.

3 Fixer le miroir à l'extérieur du couvercle à l'aide de quatre vis munies de rondelles. Quand la valise sera verticale et fermée, le miroir apparaîtra donc en façade.

4 Couper les bouchons en deux et fixer chaque demi-bouchon sur la partie de la vis qui dépasse à l'intérieur du couvercle. Les décorer avec le masking tape, les paillettes, les punaises ou autres. Ces bouchons serviront à suspendre des bijoux à l'intérieur de la porte.

5 Pour accrocher la valise au mur, enfoncer deux vis au fond, proches des deux angles supérieurs, en marquer le mur, le percer pour y mettre les deux chevilles et visser.

LE JARDIN SUSPENDU
DE SCULPTURES VÉGÉMÉTALES

MATÉRIEL

DES PLANTES AÉRIENNES (TILLANDSIA)
DES GRATTOIRS EN PELOTES DE MÉTAL
DU FIL TRANSPARENT

Couronnes, cages ou nid : les grattoirs offrent toutes sortes de supports.

COMMENT FAIRE

1 Se procurer en jardinerie des plantes aériennes appelées tillandsias : elles ont la particularité de se passer complètement de terre ! Très légères, elles se suspendent où l'on veut, dans une branche, un mobile, un coquillage, une coquille d'œuf... ou, comme ici, dans des nids réalisés en grattoirs à vaisselle, juste pour le plaisir de faire joli et de les regarder se balancer.

2 Dérouler les grattoirs métalliques et les écarter vigoureusement pour leur donner la forme de son choix.

3 Trouver le meilleur mariage entre chaque plante et son nid. Les tillandsias ont des formes et des tailles variées. C'est joli d'en accrocher deux ou trois.

4 Les suspendre par un fil invisible. Il suffira de les arroser de temps en temps à l'aide d'un vaporisateur.

L'option méduses : des tillandsias suspendues dans des coquilles d'œuf.

Atelier brico-créatif

LES MAGNETS ÉMOTICÔNES EN CAPSULES

MATÉRIEL

DES CAPSULES (PAR EXEMPLE DE BIÈRE)
DE LA PEINTURE JAUNE EN BOMBE
DU PAPIER JOURNAL POUR PROTÉGER
DES FEUTRES FINS INDÉLÉBILES (COMME LES POSCA®)
UN BOUCHON EN LIÈGE
UN COUTEAU OU UN CUTTER
DES PETITS AIMANTS
DE LA COLLE FORTE

COMMENT FAIRE

1 Peindre les capsules à la bombe jaune en prenant soin de protéger la table avec du papier journal. (En l'absence de bombe, on peut aussi utiliser de la peinture acrylique ou du vernis à ongles.) Bien laisser sécher. Au besoin, passer une seconde couche.

2 Dessiner au marqueur fin les traits du visage en s'inspirant des émoticônes.

3 Coller les aimants à l'arrière des capsules. S'ils sont fins, combler l'épaisseur de la capsule avec de fines tranches de liège coupées au cutter ou au couteau dans le bouchon.

Bien pratique, la bombe, pour peindre uniformément.

Les aimants fixés à l'arrière, sur une rondelle de bouchon, au pistolet à colle.

LE CŒUR PORTE-BONHEUR

Premier filage pour maintenir le cœur flottant dans le cercle.

MATÉRIEL

DU FIL MÉTALLIQUE UN PEU RIGIDE
DE LA LAINE

COMMENT FAIRE

1 Former un cœur avec un morceau de fil métallique. Le fermer en entortillant les extrémités.

2 Former ensuite un cercle plus grand que le cœur. Pas grave s'il se déforme un peu par la suite : c'est ce qui donne le côté artisanal à l'objet.

3 Maintenir le cœur à distance du cercle, centré ou pas, en faisant un zig-zag en étoile avec le fil de laine un peu espacé : c'est un premier filage qui sera ensuite recouvert, mais qui équilibre les tensions autour du cœur. Pour que ça glisse moins, faire un tour de fil autour du cercle à chaque passage (à chaque pointe de l'étoile).

4 Recouvrir cette première trame de laine, patiemment, jusqu'à faire disparaître les fils métalliques. On peut mélanger les couleurs. Le passage délicat sera la pointe en creux du cœur : on pourra nouer discrètement les brins de laine entre eux avec un petit bout de fil supplémentaire pour qu'ils ne s'écartent pas trop.

5 Suspendre ce cœur au mur, à la fenêtre ou sous un abat-jour. Ou encore l'offrir à une personne bien choisie...

LE DESSIN SURPRISE
QUI OUVRE UNE GRAAANDE BOUCHE

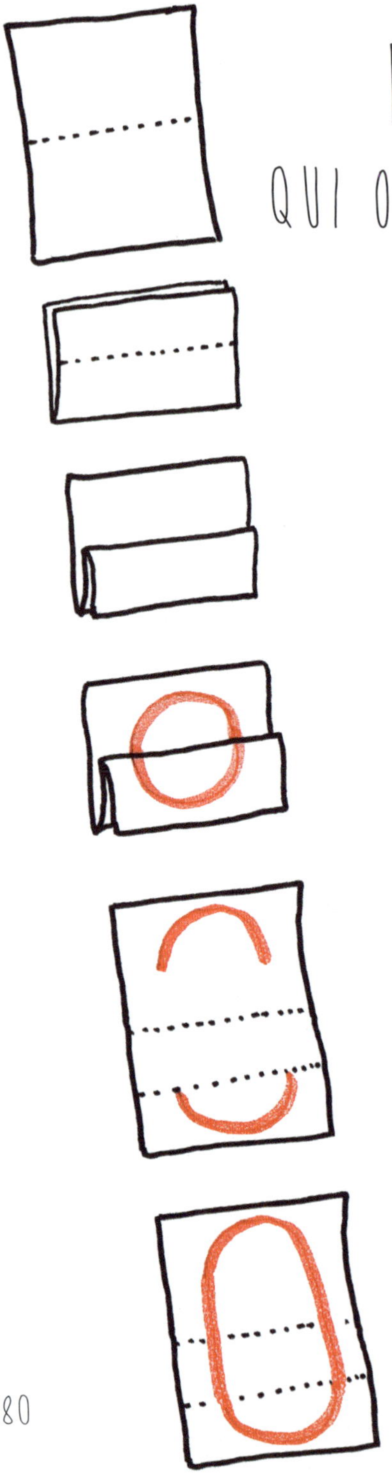

MATÉRIEL

UNE FEUILLE DE PAPIER
DES FEUTRES

COMMENT FAIRE

1 Plier la feuille de papier en deux.

2 Rabattre l'une des deux moitiés de feuille au moyen d'un nouveau pli à mi-hauteur.

3 Dessiner une forme qui occupe largement cet espace A5, le tracé se poursuivant sur les deux niveaux de feuille : ce sera le contour extérieur de la tête du monstre.

4 Déplier la feuille en entier. Faire se rejoindre les tracés : cette zone sera cachée dans un premier temps et se découvrira quand on ouvrira la gueule du monstre.

5 Dessiner un visage et colorier le monstre, en prévoyant une petite surprise dans la gueule ouverte, par exemple un mot.

6 Offrir le dessin replié, dans sa version ramassée. La personne qui le reçoit ouvre le pli pour découvrir la version longue.

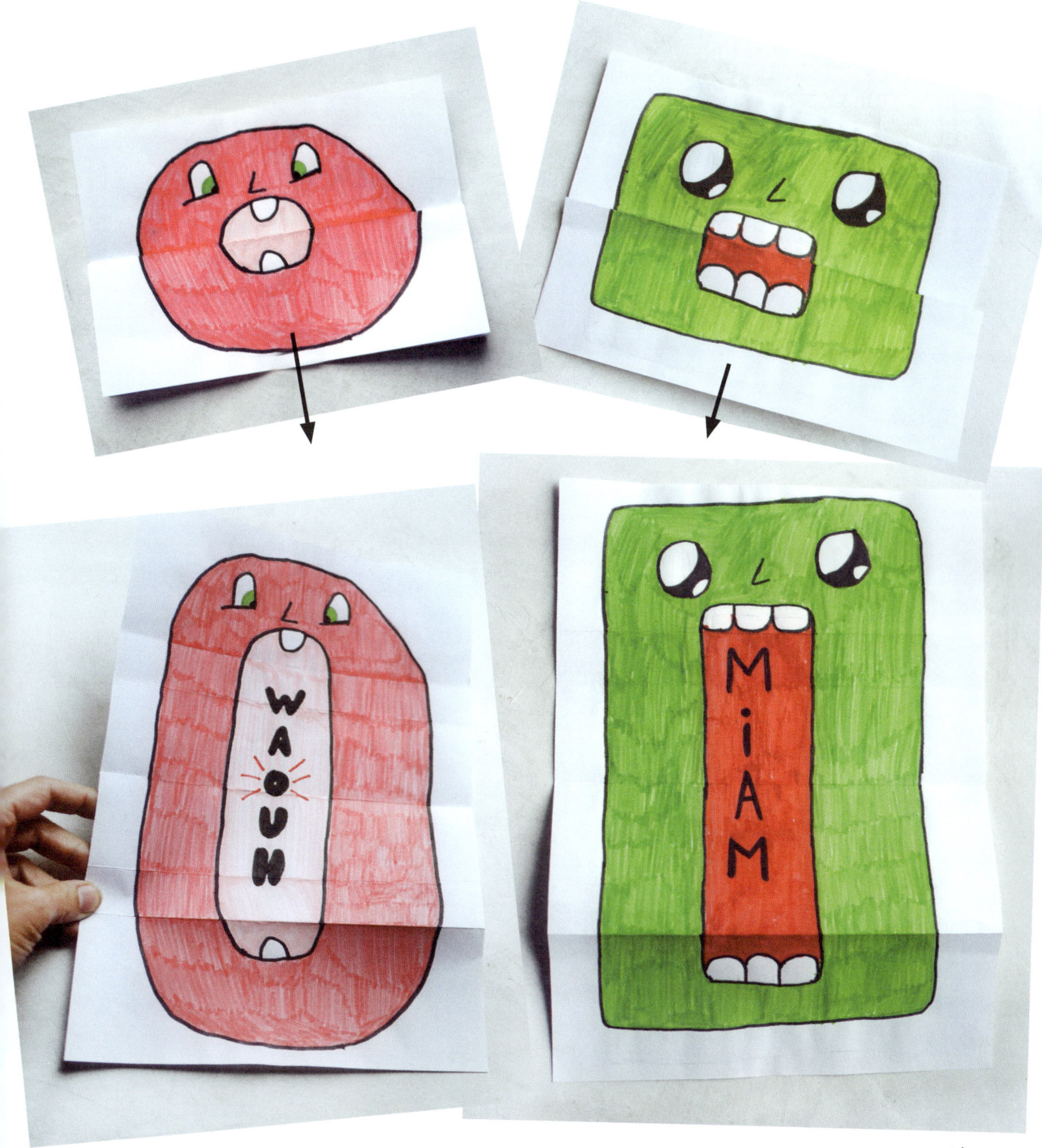
WAOUH
MIAM

LA MONTAGNE DE MOTIFS

À GRIBOUILLER QUAND ON A UNE COPINE BAVARDE AU TÉLÉPHONE

MATÉRIEL

UNE FEUILLE DE PAPIER
UN FEUTRE NOIR FIN

COMMENT FAIRE

1 Commencer par un petit tas de motifs en bas de la feuille.

2 Dès que le tas forme une montagne de belle allure, changer de style pour dessiner une autre montagne à côté ou derrière.

3 Alterner ainsi les motifs plutôt denses et les motifs clairsemés, pour jouer sur les contrastes. La règle consiste à ne pas dessiner le contour des montagnes : seuls les motifs les délimitent. On peut faire des croix, des étoiles, des sapins, des arabesques, des pointillés, des traits, des cercles, des ponts... Ça détend, ça met le cerveau dans un état second assez agréable et qui s'accommode bien d'une conversation.

PILOT

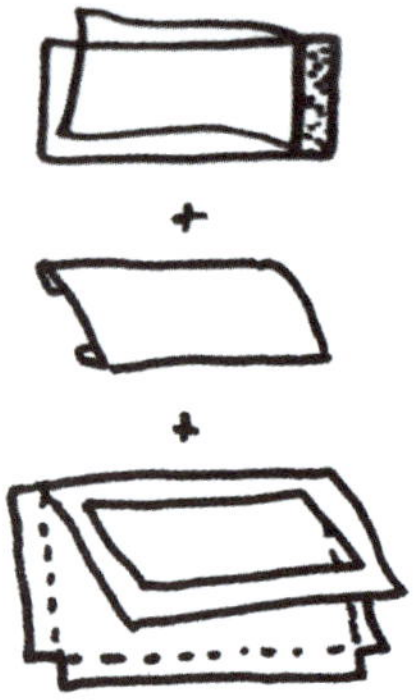

LA CARTE MAGIQUE

QUI PASSE DU NOIR À LA COULEUR

MATÉRIEL

DU PAPIER À MOTIFS OU DE COULEUR
DU BRISTOL
DU PLASTIQUE TRANSPARENT (COMME UNE POCHETTE)
DE LA COLLE
DES CISEAUX
DES FEUTRES DE COULEUR
UN MARQUEUR NOIR INDÉLÉBILE POINTE MOYENNE

La carte : du bristol doublé de plastique assemblés par un côté.

Le cadre avant d'être replié. On note les petits rabats qui seront encollés.

COMMENT FAIRE

1 Découper dans le bristol un rectangle de 9,8 x 17 cm et un autre rectangle de mêmes dimensions dans la pochette en plastique.

2 Encoller le bristol sur une bande de 1,5 cm de large à une extrémité et poser dessus le rectangle de plastique. Terminer cet assemblage en collant un rectangle de 9,8 x 5 cm de papier à motifs plié en deux, afin de recouvrir cette extrémité recto-verso : voici la carte que tirera la personne avec sa main droite.

3 Dessiner sur ce bristol ce qui apparaîtra en couleurs, par exemple un prénom dont les lettres sont remplies de motifs colorés.

4 Rabattre le plastique et dessiner dessus le contour des lettres en noir.

5 Il faut maintenant réaliser le cadre dans lequel coulissera cette carte. Découper un rectangle de bristol de 11 x 15,5 cm : ce sera le cache fixé au cadre. Pratiquer un pli à 0,5 cm du bord sur chaque longueur : ces petits revers permettront de coller le cache dans le fond du cadre.

6 Pour faire le cadre, on aura besoin d'un rectangle de 16,5 x 20,5 cm. Le plier presque au milieu, à 10 cm : ce sera la face avant, dans laquelle il faut découper un trou rectangulaire de 13 x 8,5 cm centré afin de faire le cadre. Retirer une bande de 0,5 cm sur chaque largeur : on obtient un cadre de 1,5 cm de large partout.

7 L'autre moitié est le fond du cadre. Il faut y plier des rabats de 0,5 cm de large.

8 Coller le cache sur l'intérieur du fond du cadre, grâce aux deux rabats du cache. Replier les rabats du cadre, les encoller et refermer en appuyant le cadre dessus.

9 Glisser la carte dedans : bristol coloré sous le cache et plastique sur le cache. Quand on la tire, c'est l'effet magique !

ANOUCK

ANOUCK

LA VAISSELLE DÉCORÉE
DANS UN BAIN DE VERNIS À ONGLES

MATÉRIEL

DES TASSES OU BOLS BLANCS, OU BIEN DES VERRES
DU VERNIS À ONGLES DE PLUSIEURS COULEURS
UN CURE-DENTS
UNE BARQUETTE JETABLE
DE L'EAU

Tous les vernis ne réagissent pas de la même façon : faites plusieurs essais !

COMMENT FAIRE

1 Verser de l'eau froide dans la barquette, puis y lâcher quelques gouttes de vernis à ongles de couleurs différentes : ils doivent flotter à la surface et se répandre. Si ça ne marche pas, changer de marque : les vernis réagissent très différemment.

2 Dessiner des arabesques à l'aide d'un cure-dents (procéder rapidement, avant que les vernis sèchent et se fripent).

3 Tremper partiellement le bol ou la tasse dans l'eau, de façon à imprimer le vernis dessus. Laisser sécher.

4 En cas d'erreur, on peut gratter le vernis ou retirer des taches avec du dissolvant. Laver ensuite la vaisselle à la main, éviter le lave-vaisselle. Mais ça tient plutôt bien !

LE TAMPON-CHAT

À COMPLÉTER SELON L'HUMEUR DU JOUR

Le tampon réalisé avec un élastique.

MATÉRIEL

UN ÉLASTIQUE DE 4 CM DE DIAMÈTRE ENVIRON
DE LA COLLE FORTE À PRISE RAPIDE
DU CARTON ÉPAIS
UN BOUCHON DE LIÈGE
UN TAMPON ENCREUR
UNE FEUILLE DE PAPIER
UN STYLO
UN CUTTER
UN MARTYR (POUR PROTÉGER LA TABLE)

COMMENT FAIRE

1 Découper cinq morceaux de carton épais de taille identique (6 cm de côté environ). On peut adapter ces dimensions à celle de son tampon encreur.

2 Poser le bouchon debout au centre d'un carton, marquer le tour avec le stylo et découper un trou de la taille de ce cercle. Idem avec un second carton.

3 Couper l'élastique et s'entraîner à lui donner la forme du petit chat comme sur la photo : il prend assez naturellement ces courbes.

4 Mettre de la colle sur l'un des cartons et y faire tenir l'élastique en forme de chat (un peu délicat).

5 Coller également les cinq cartons entre eux, en gardant les deux percés pour l'arrière. Les maintenir sous une presse (un livre bien lourd, par exemple) pour bien laisser sécher le tout.

6 Coller également le bouchon en l'enfilant dans le trou à double épaisseur, à l'arrière : il servira de manche au tampon.

7 Pour jouer, on appuie le tampon côté élastique contre le tampon encreur, puis on imprime la forme du chat sur une feuille de papier. Ensuite, on dessine les traits du chat au stylo, en s'amusant à varier les expressions. On peut l'utiliser dans son journal intime, pour illustrer l'émotion du jour. Ou bien jouer entre copines : on se passe le tampon et, chacune son tour, on doit trouver une expression différente à dessiner.

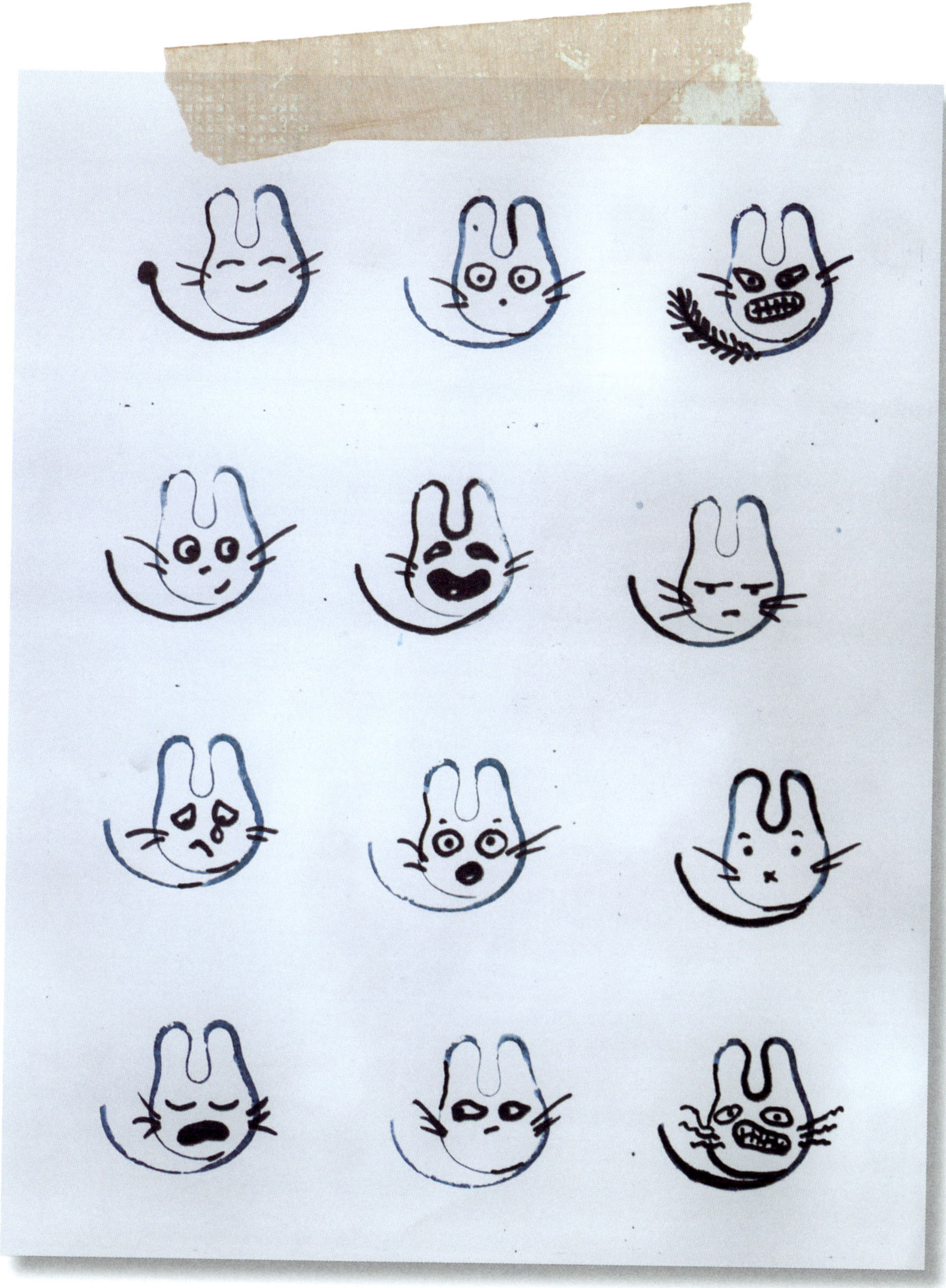

LE PORTE-PHOTO
EN FIL DE FER

MATÉRIEL
DU FIL MÉTALLIQUE
UN GALET

COMMENT FAIRE

1 Former avec le fil métallique un cœur pourvu d'une longue queue.

2 Répéter l'opération et entortiller les deux queues de façon à superposer les cœurs.

3 Nouer les fils métalliques à la base autour du caillou, qui sert de support.

4 Glisser la photo entre les deux cœurs, qui servent de pince.

Le double cœur peut bien sûr être remplacé par une autre figure.

BONUS : LA FLEUR SUR LE POMPON

1 Former cette fois, avec le fil, une fleur à cinq pétales.

2 Tremper cette fleur dans de la peinture acrylique ou dans du vernis à ongles, et la laisser sécher horizontalement sans qu'elle touche le plan de travail.

3 Quand la peinture aura séché, elle aura formé une membrane fragile mais solide. Comme c'est très léger, on peut la piquer dans un pompon de laine bien serré, pour changer des cailloux.

Le système de séchage de la fleur, piquée dans un carton.

LE PRÉNOM ÉQUILIBRISTE

MATÉRIEL

DU FIL MÉTALLIQUE
UN BOUCHON DE LIÈGE
UNE PINCE À BOUT POINTU
UNE FEUILLE ET UN CRAYON
FACULTATIF : DES PERLES

En simple déco, un cœur en fil métallique habillé de perles en bois.

COMMENT FAIRE

1 S'entraîner sur une feuille de papier à tracer son prénom en écriture cursive, sans relever son crayon, d'un seul trait : avec le fil métallique, il faudra que l'ensemble se tienne en un seul morceau.

2 Reproduire cette écriture avec le fil métallique en s'aidant de la pince à bout pointu. Sur la photo, on arrive à lire les prénoms Ella, Lou et Avril.

3 Piquer l'extrémité du fil dans le bouchon de liège. Selon la forme des lettres, ça peut être le début du mot (comme pour Ella) ou la fin (comme pour Avril).

4 On peut aussi ajouter quelques perles à la base du fil, pour décorer (comme pour Lou).

5 Faire tenir le mot en équilibre sur le bouchon. Si vraiment le nom est trop long et que l'équilibre est difficile à cause de son poids, utiliser un bouchon mi-liège, mi-plastique, comme sur les bouteilles de porto : c'est plus stable.

GRANDS VINS FINS

LA GROTTE EN LAINE FEUTRÉE
POUR CHAT OU COCHON D'INDE

MATÉRIEL

400 G DE LAINE À FEUTRER (UNE OU PLUSIEURS COULEURS)
DU PLASTIQUE SOUPLE (À BULLES OU ORDINAIRE)
2 MORCEAUX DE VOILAGE (70 X 70 CM ENVIRON)
UNE BOUILLOIRE ET DE L'EAU
DES CISEAUX
UN ROULEAU À PÂTISSERIE
DU SAVON
BEAUCOUP DE SACS EN PLASTIQUE POUR BOURRER

COMMENT FAIRE

1 Découper dans le plastique un disque de 50 cm de diamètre. Diviser la laine en 8 portions.

2 S'installer dehors. Détacher une portion de laine en mèches et disposer celles-ci sur le disque de plastique étalé sur une table, de façon à ce qu'elles dépassent du bord. Puis recouvrir tout le disque de mèches de laine en les faisant se chevaucher. Cette couleur sera celle de l'intérieur de la grotte.

4 Réitérer l'opération par-dessus, avec une autre portion de laine : cette fois, ce sera la couleur de l'extérieur de la grotte.

5 Arroser copieusement d'eau bouillante, puis chasser l'eau en passant un rouleau à pâtisserie depuis le centre vers l'extérieur.

6 Retourner la galette en veillant à prendre en main toutes les épaisseurs.

7 Replier sur le disque de plastique la laine qui dépasse du contour. Recouvrir cette face du disque avec des mèches de laine comme précédemment, en les faisant dépasser et se chevaucher. Deux fois, comme de l'autre côté. Puis arroser à nouveau d'eau bouillante et presser au rouleau.

8 Réitérer toutes ces opérations : deux couches de laine sur la face A, eau bouillante, retournement, deux couches sur la face B, eau bouillante.

9 Replier les bords du voilage par en dessous, passer un savon et le faire mousser du plat de la main. Idem recto et verso.

10 Rouler la galette sur elle-même pour extraire un maximum d'eau savonneuse, la dérouler, retirer les voilages, pincer une épaisseur et faire un trou de 8 cm environ (il s'agrandira à l'usage).

11 Rincer la galette de laine dans une bassine d'eau froide.

12 Bourrer l'intérieur avec des sacs en plastique et façonner la grotte pour lui donner une belle forme arrondie. La laisser sécher, puis retirer les sacs. On obtient une grotte assez souple, qui convient pour un chat. Si on la passe à la machine, elle devient beaucoup plus petite et rigide : parfaite pour un cochon d'Inde !

LA PIEUVRE PIÉGÉE DANS LE CAHIER

MATÉRIEL
DU PAPIER RAYÉ
UN CRAYON À PAPIER
UNE GOMME

C'est au moment où l'on colorie les ombres que le relief apparaît.

COMMENT FAIRE

1 Dessiner la tête d'une pieuvre au-dessus d'une ligne du papier.

2 Poursuivre le tracé du corps après avoir laissé passer deux lignes, comme si cet espace formait une bandelette de papier sous laquelle le cou de la pieuvre serait caché.

3 Dessiner les tentacules en gardant à l'esprit qu'une bande sur deux est comme en relief. Le plus commode est d'utiliser un crayon à papier qui marque très légèrement, de dessiner les tentacules en entier et de gommer ensuite les parties censées passer derrière la bande de papier fictive.

4 Quand le premier tracé est prêt, avec ses zones blanches, repasser le trait de façon plus marquée et colorier l'intérieur. Pour que l'œil voie bien apparaître les bandelettes, noircir le dessous de chacune d'entre elles et ombrer la partie des tentacules située juste au-dessous de la bande. L'illusion d'optique repose beaucoup sur cette légère ombre.

5 Sur le même principe, on peut s'amuser à écrire des lettres qui semblent être enfilées autour d'une bande horizontale.

OUPS !

LES TABLEAUX CHROMATIQUES
OU L'ADIEU À L'ENFANCE PAR LA PORTE DE L'ART

MATÉRIEL

UNE CHAMBRE D'ENFANT EN BAZAR
DES BOCAUX
UN APPAREIL PHOTO

COMMENT FAIRE

1 Un beau jour où on a du temps et l'envie de tourner une page, prendre la décision de faire un grand ménage parmi ses jouets de petite fille... sans les mettre à la poubelle pour autant. Classer ce qu'on peut donner ou revendre dans un vide-greniers, et puis il restera toujours des tas de bidules dans les fonds de tiroir, des perles, des billes, des pions, une chaussure de poupée, un ressort, une aile de papillon ou une clé sans cadenas.

2 Plutôt que de tout jeter (ou de tout laisser au fond du tiroir), classer ce petit bazar par famille de couleurs dans des gros bocaux. Ça fait propre et surtout c'est joli et poétique. C'est de l'enfance en conserve.

3 Disposer par terre les bidules de façon harmonieuse, par couleur, et prendre chaque composition en photo.

4 On peut se contenter de cet art éphémère fixé par la photo et remettre les objets dans leurs bocaux ou bien les coller sur un fond pour en faire de vrais tableaux.

Rouge et rose :
adieu le temps des princesses !

Vert et bleu :
même le plastique peut devenir chic.

Jaune et or :
je valorise mes petits trésors.

Noir et blanc : ça change des selfies
et c'est moi tout autant.

Expériences

LA PATATE DOUCE QUI FAISAIT DES LIANES

MATÉRIEL

UNE PATATE DOUCE
UN GRAND VERRE
DE L'EAU ET DU TEMPS

COMMENT FAIRE

1 Choisir une patate douce qui a une jolie forme. Et lui dégotter un grand verre adapté à sa taille : elle doit tenir debout dedans sans que la partie immergée touche le fond.

2 Verser de l'eau dans le verre, déposer la patate douce et la laisser pousser tranquillement, en ajoutant de l'eau quand il en manque. Attendre ainsi plusieurs semaines.

3 Les premières petites pousses seront les fines racines blanches dans l'eau. Puis on verra, au sommet, des petites pointes violettes, au bout d'un mois, voire un mois et demi. Ensuite, les tiges et les feuilles pousseront très vite.

4 Comme les tiges sont assez fragiles, on peut les guider à l'aide de tuteurs ou bien les laisser librement transformer sa chambre en jungle.

Première apparition de vie : les radicelles.

La patate au bout de 6 semaines (expérience réalisée en automne).

Les tiges s'élancent en l'air, elles font plus de 1 mètre de haut.

LE TOUR DE MAGIE
DES PERLES D'EAU INVISIBLES

MATÉRIEL

DES PERLES D'EAU TRANSPARENTES (VENDUES POUR LA DÉCORATION FLORALE)
UN GRAND BOCAL OU UN VASE TRANSPARENT
DE L'EAU
UNE POUPÉE MANNEQUIN

Une cuillerée de perles sèches.

COMMENT FAIRE

1 Mettre 2 cuillerées à soupe rases de perles d'eau sèches dans un grand bocal. Le remplir d'eau et patienter quelques heures : les perles vont absorber l'eau et grossir au point de remplir le bocal !

2 Avant de faire le tour de magie, bien égoutter les perles pour qu'il ne reste pas d'eau dans le bocal.

3 Plonger la poupée dans le bocal de perles : toute la partie immergée sera cachée.

4 Verser de l'eau : comme par magie, le contour des perles disparaît et les jambes de la poupée deviennent visibles ! S'il reste encore des petits bulles, agiter la poupée jusqu'à faire disparaître tout à fait ces bulles d'air, et la transparence sera totale.

5 Par ailleurs, ces perles d'eau sont tellement fascinantes qu'on aura ensuite envie de jouer avec, d'y plonger les mains, de les faire rebondir ou rouler sur un parcours…

6 Pour les ranger et les réutiliser à l'infini, les étaler sur un plateau proche d'un radiateur : elles vont se déshydrater au bout de plusieurs jours et reprendre leur minuscule taille originelle.

La même quantité après réhydratation.

DES BOMBES DE BAIN
COMME DES BOULES DE GLACE

vanille chocolat

Il existe aussi des moules pour faire des boules bien lisses.

INGRÉDIENTS & MATÉRIEL

30 G DE BEURRE DE CACAO
20 G DE BEURRE DE KARITÉ
140 G DE BICARBONATE DE SOUDE
70 G D'ACIDE CITRIQUE
30 G DE FÉCULE DE MAÏS
1 C. À C. D'ARÔME DE VANILLE ALIMENTAIRE
2 C. À S. DE CACAO EN POUDRE
UNE CASSEROLE
UNE CUILLÈRE À GLACE

COMMENT FAIRE

1 Faire fondre sur feu doux les deux sortes de beurre. (Pour info, le beurre de cacao à usage alimentaire sent plus fort le chocolat que celui qui est vendu à usage cosmétique.)

2 Par ailleurs, mélanger dans un saladier les ingrédients secs : bicarbonate, acide citrique et fécule. (À retenir si vous jouez à modifier les proportions : pour que l'effervescence fonctionne, il est bien de compter une part d'acide citrique pour deux parts de bicarbonate.)

3 Incorporer les beurres fondus et mélanger. On doit obtenir une sorte de pâte sablée. Quand on la serre dans sa main, elle s'agglomère jusqu'à former un bloc lisse qui se tient.

4 Séparer ce mélange en deux. En parfumer une moitié avec l'arôme de vanille et incorporer le cacao en poudre dans l'autre moitié. (Attention : le cacao laissera des petites particules sur la baignoire. Facile à laver, mais il faut le savoir. Peut-être préférerez-vous parfumer vos boules de glace avec un autre arôme.)

5 Tasser le mélange dans une cuillère à glace et former des boules en conservant l'aspect irrégulier. On peut aussi choisir de réaliser des petits blocs bien lisses et réguliers d'autres formes, par exemple en utilisant des moules en silicone ou tout simplement en modelant la pâte entre les mains. On peut aussi conserver cette poudre grumeleuse dans un bocal et l'utiliser pour le bain à l'aide d'une cuillère.

6 Laisser sécher à l'air libre pendant quelques heures : les boules vont devenir bien dures et rester intactes. Elles deviendront légèrement effervescentes une fois plongées dans l'eau du bain (une boule par baignoire).

LE JEU DES QUATRE CHAISES

EXERCICE D'ÉQUILIBRE COLLABORATIF

MATÉRIEL

4 AMIS AVEC DE BONS ABDOMINAUX
1 OU 2 AMIS EN PLUS POUR AIDER
4 CHAISES
UN APPAREIL PHOTO
UN CHRONOMÈTRE

COMMENT FAIRE

1 Commencer par placer les quatre chaises comme sur la première photo de la page de droite. On pourra ensuite les écarter un peu pour le confort des participants.

2 Chacun s'assoit sur une chaise de façon à avoir le dossier le long de son coude droit.

3 S'allonger sur les genoux de la personne assise derrière soi. Ajuster l'écartement des chaises en fonction.

4 Quand tout le monde est prêt, retirer les chaises et tenter de tenir en équilibre le plus longtemps possible (on peut jouer à se chronométrer ou se prendre en photo). C'est un jeu collaboratif : si l'un flanche, il entraîne les autres !

Première étape fastoche : on s'allonge sur les chaises.

On retire les chaises... et il faut tenir ! Sinon ça s'écroule.

LA CASCADE DE FUMÉE
AVEC DE L'ENCENS À REFLUX

MATÉRIEL

DES CÔNES D'ENCENS À REFLUX (PERCÉS EN BAS)
DE L'ARGILE SANS CUISSON
UN PETIT RÉCIPIENT D'EAU
DE LA PEINTURE FONCÉE (GOUACHE OU ACRYLIQUE)
UN PINCEAU
UNE PIQUE EN BOIS
UNE ALLUMETTE OU UN BRIQUET

Un modèle aux bassins séparés avec aqueduc à fumée et bec verseur.

COMMENT FAIRE

1 Pour réaliser cette expérience, il faudra se procurer de l'encens spécifique, dit à reflux (en anglais *backflow incense*, si vous voulez faire une recherche d'images pour ce type de porte-encens inspirant). Ce sont des cônes qui ont pour particularité de laisser échapper la fumée par le bas, une fumée lourde qui coule comme de l'eau au ralenti, tapisse le sol et stagne : assez impressionnant !

2 S'installer de préférence sur une surface lisse comme un tapis de silicone ou une toile cirée, en préparant un petit récipient d'eau pour pouvoir y tremper les doigts quand on aura besoin de lisser les crevasses.

3 Modeler la base de la fontaine, d'un diamètre de 10 cm au maximum, avec des petits rebords pour maintenir la fumée. On pourrait s'amuser à y ajouter au centre quelque chose qui dépassera de la fumée : une île, un temple, un animal qui se baigne…

4 Modeler ensuite deux autres bassins plus petits, dont l'un aura en débord une sorte de petite plateforme épaisse : c'est là qu'on posera le cône. La percer avec la pique en bois afin de préparer l'écoulement de la fumée.

5 Empiler ces trois bassins et ménager une fente dans le bord des deux plus petits, par où coulera la fumée.

6 Laisser sécher la sculpture près d'un radiateur, puis la peindre de couleur foncée : la fumée sera ainsi encore plus visible.

7 Allumer un cône, souffler sur la flamme dès que la pointe rougeoie et le poser sur le trou de la plateforme. Patienter un peu : la fumée va bientôt couler et remplir les bassins.

Un autre modèle : toboggan sinueux et piscine de brume avec montagnes.

LE SLIME FAIT MAISON

VERSION BLURP ET VERSION FLUFFY

MATÉRIEL

DE LA COLLE LIQUIDE CLÉOPÂTRE® OU GIOTTO® (BLANCHE OU TRANSPARENTE)
DE LA LESSIVE X-TRA® OU LE CHAT®
DE LA MOUSSE À RASER

Séance d'apprenties chimistes entre copines.

COMMENT FAIRE

Peut-être avez-vous déjà essayé de faire du slime ? Si ça n'a pas marché, c'est probablement à cause du choix des ingrédients. C'est pourquoi nous indiquons exceptionnellement des marques de produits que nous avons testées et qui donnent le résultat escompté. Il en existe sûrement d'autres.

1 Mélanger 2 doses de colle pour 1 dose de lessive liquide dans une assiette creuse. On obtient alors une texture visqueuse et collante. La malaxer longtemps entre ses mains jusqu'à ce qu'elle devienne homogène et ne colle plus aux doigts. C'est déjà fini ! Voici la version « blurp » ou classique du slime.

2 Pour obtenir la version dite « fluffy », c'est-à-dire moelleuse comme un nuage, incorporer une noix de mousse à raser en malaxant des deux mains.

3 Si le slime persiste à coller sur les doigts, ajouter un peu de mousse à raser. S'il se casse quand on l'étire, ajouter de la colle. Dans tous les cas, on peut ajuster sa consistance avec un peu de la lessive et/ou de colle, mais toujours par petites quantités.

4 On peut ajouter de la gouache pour le colorer, des paillettes ou d'autres éléments texturants. On conserve ensuite le slime dans une boîte hermétique.

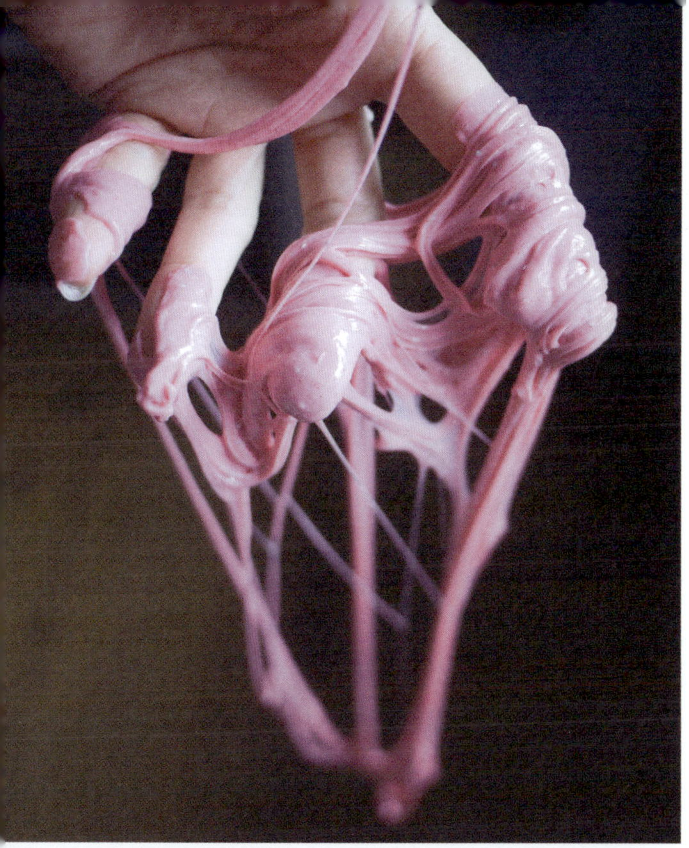

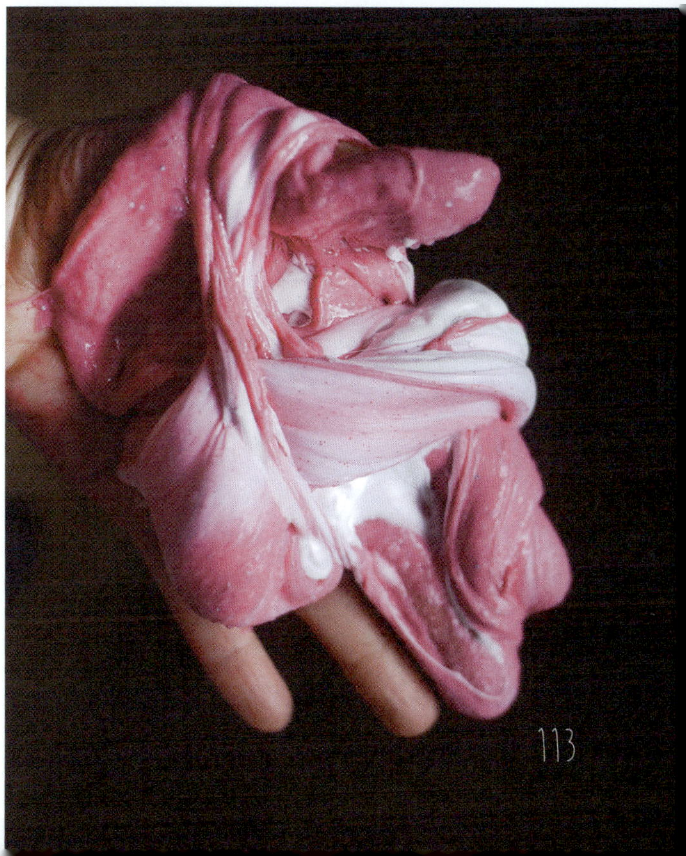

LES EXPÉRIENCES À FAIRE AVEC DU SLIME

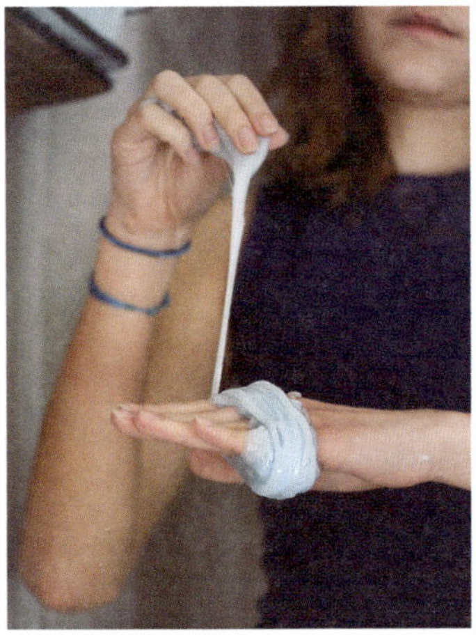

LES BULLES À LA PAILLE

On colle une boulette de slime au bout d'une paille et on souffle. On peut aussi s'amuser à faire se rejoindre les bulles entre copines.

LE CONCOURS D'ÉLASTICITÉ

Avec une boule de slime, combien de fois arriverez-vous à faire le tour de votre main sans rompre le fil ? À partir de 40 tours, on frôle l'exploit.

LES BULLES GÉANTES

On étire le slime comme une peau qui ferait écran devant la bouche, puis on souffle fort.

LA CORDE À SAUTER

Hum... à éviter !

LA GRILLE À DÉGOULINURES

Avec option douche gluante sur un personnage et le plaisir de couper aux ciseaux les filaments.

LA PÂTE À PROUTS

Enfoncer du slime dans un gobelet en plastique. On peut aussi faire des crépitements : l'étirer, le replier en emprisonnant des petites bulles et presser fort.

LE SLIME MAGNÉTIQUE

Mélanger le slime à de la limaille de fer.

LE FILET DE PUSTULES

Mettre du slime dans un ballon gonflable. Fermer le ballon. L'emprisonner dans un filet à légumes et serrer fort, par exemple en le tournant sur lui-même : le ballon pressé va sortir par les trous du filet en bubons du meilleur effet.

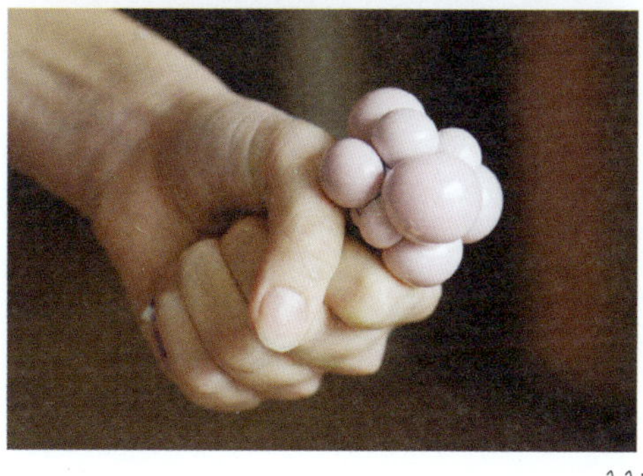

LES ŒUFS TEINTS À LA CRAVATE EN SOIE

MATÉRIEL

DES ŒUFS
UNE CRAVATE EN SOIE À MOTIFS
UN CURE-DENTS (OU UNE AUTRE POINTE)
DES ÉLASTIQUES
DES CISEAUX
DU VINAIGRE BLANC
UNE CASSEROLE
DE L'HUILE

Une autre expérience dans la foulée : des œufs teints à la pelure d'oignon, avec des gommettes en guise de pochoir.

COMMENT FAIRE

1 Déjà, se procurer une cravate en soie. Pas obligé que ce soit une cravate, d'ailleurs. Mais obligé que ce soit en soie ! Sinon ça ne marche pas. On en trouve à 1 € dans les vide-greniers ou les friperies.

2 Vider les œufs après avoir pratiqué deux petits trous aux extrémités opposées avec le cure-dents (ou un compas) : un pour souffler, l'autre pour extraire le contenu de l'œuf. (On pourra l'utiliser dans une omelette ou un gâteau.)

3 Découper des morceaux de soie dans la cravate de façon à pouvoir en envelopper chaque œuf. Maintenir le tissu bien serré avec un élastique.

4 Verser dans une casserole 1 litre d'eau et 4 cuillerées à soupe de vinaigre blanc (si ça ne suffit pas pour immerger les œufs, multiplier les proportions). Y plonger les œufs emmaillotés, les maintenir immergés avec un poids (par exemple une coupelle), porter à ébullition et conserver les petits bouillons pendant encore 20 minutes.

5 Égoutter les œufs, les rafraîchir sous l'eau du robinet pour ne pas se brûler et dénouer les élastiques : si tout va bien, les motifs ont définitivement déteint sur la coquille ! On peut les faire briller avec un peu d'huile, tout simplement avec le doigt.

LA PLASTIFICATION MAISON
DES AFFICHETTES

MATÉRIEL

UNE FEUILLE DE PAPIER A4
(IMPRIMÉE, ÉCRITE OU DESSINÉE)
UNE CHEMISE TRANSPARENTE PERFORÉE
(LA PLUS FINE POSSIBLE)
DU PAPIER CUISSON
UN FER À REPASSER
DES CISEAUX
DU RUBAN ADHÉSIF TRANSPARENT

Certaines marques de pochettes se prêtent mieux que d'autres à la plastification.

COMMENT FAIRE

1 Préparer le message à plastifier sur une feuille de papier ordinaire. Par exemple, des affichettes pour rechercher un chat disparu à coller dans le quartier : la plastification servira à protéger le papier de la pluie.

2 Glisser la feuille de papier dans la chemise transparente perforée, celles qui se vendent par lot, pour mettre dans les classeurs. En choisir une la plus fine possible (ça marche moins bien avec le plastique épais).

3 Découper un grand morceau de papier cuisson, de taille à envelopper (dessus et dessous) la pochette plastifiée, une fois plié en deux. Ce papier est absolument indispensable pour que le plastique ne fonde pas sur le fer.

4 Passer le fer à repasser sur la chemise protégée par le papier cuisson. Surveiller en soulevant souvent le papier cuisson pour vérifier qu'il se décolle bien : si c'est trop chaud, il colle et le plastique fondu forme des petites aspérités. Si ce n'est pas assez fondu, le plastique n'adhère pas à l'image imprimée, il faut passer encore le fer. En cas d'échec, essayer avec une autre marque de pochette en plastique : elles ont des réactions assez différentes à la chaleur selon leur composition.

5 Découper les affichettes aux ciseaux. Pour les protéger de l'humidité, on peut ajouter un cadre de ruban adhésif transparent tout autour.

RELAX

RELAX.
chat perdu

chat perdu
Notre chat a disparu depuis Noël environ. Pelage gris épais et long. Si vous l'avez recueilli, merci de nous faire signe, on s'inquiète pour lui.

Miam !

graines de chia sèches

LE PUDDING DE CHIA À ÉTAGES

POUR LE PETIT DÉJEUNER

pudding de chia (gel)

COMMENT FAIRE

1 Commencer par se procurer des graines de chia. Il y a peu, on les trouvait uniquement dans les épiceries bio, mais elles sont devenues tellement à la mode qu'on en vend aussi dans les magasins d'alimentation classique. Considérées comme un superaliment riche en oméga-3, elles ont toutes sortes de vertus (renseignez-vous, vous lirez leurs bienfaits sur la santé). Elles ont la particularité de pouvoir se consommer telles quelles (croquantes, discrètes, dans une salade par exemple) ou réhydratées (et là elles transforment un liquide en gel, tout en gardant leur consistance subtile). C'est l'occasion de changer d'habitude au petit déjeuner et d'abandonner le pain blanc ou les céréales industrielles au profit d'un grand verre étrange, fruité et coloré !

2 La veille, mettre les graines de chia dans le lait végétal (ça fait toujours du bien à l'organisme de diminuer le lactose présent dans le lait de vache). Laisser passer quelques minutes puis mélanger à la fourchette pour éviter qu'elles s'agglomèrent. Ajouter le miel, goûter et ajuster au besoin.

3 Placer le récipient au réfrigérateur et laisser gonfler pendant la nuit : les graines vont s'entourer de mucilage (c'est comme ça qu'on dit) et former un gel solide, qui restera délicatement croquant.

4 Le matin, mixer séparément les framboises et la mangue. Bien sûr, on peut les remplacer par d'autres fruits.

5 Faire alterner, dans un verre, les couches de purées de fruits et de pudding de chia afin d'obtenir une jolie présentation à étages. Et déguster pour partir à l'école en pleine forme !

INGRÉDIENTS

2 C. À S. DE GRAINES DE CHIA
20 CL DE LAIT VÉGÉTAL
1 C. À S. DE MIEL
4 C. À S. DE FRAMBOISES
1/2 MANGUE

On peut ajouter du pudding de chia à toutes sortes de smoothies. Par exemple ici : betterave, orange, citron, banane.

L'APÉRO-PAYSAGE À CROQUER

INGRÉDIENTS & MATÉRIEL

UN OU DEUX PLATEAUX
DU PAPIER D'ALUMINIUM OU CUISSON
UN BON PETIT COUTEAU

POUR LES SOLS
DES POIS CHICHES EN CONSERVE
UN CITRON
DU CUMIN
DU SEL ET DU POIVRE
DU FROMAGE À TARTINER
DES GRAINES DE PAVOT
DES GRAINES DE SÉSAME
DU MAÏS
DES GRAINES GERMÉES
UN AVOCAT

POUR LA VÉGÉTATION
DES RADIS
DU CHOU-FLEUR CRU
DU BROCOLI MI-CUIT
DE LA CIBOULETTE
DES GRAINES GERMÉES
DES ASPERGES CUITES
DES BRETZELS

POUR LES CONSTRUCTIONS
UN PAMPLEMOUSSE
UNE BOULE DE PAIN
DES GÂTEAUX APÉRITIFS EN BÂTONNETS

POUR LES CHAMPIGNONS
DES TOMATES CERISES
DES ŒUFS DE CAILLE
DE LA MAYONNAISE

POUR LES PERSONNAGES
DES MINI-SAUCISSES
DES CURE-DENTS

COMMENT FAIRE

1 Tapisser les plateaux avec le papier d'aluminium ou le papier cuisson afin qu'ils puissent devenir des contenants alimentaires.

2 Pour faire le fond, réaliser une sorte d'houmous : mixer les pois chiches au robot (en réserver quelques-uns pour la déco), assaisonner avec du jus de citron, du cumin, du sel et du poivre. En étaler au fond des plateaux.

3 Poser les maisons dans un coin. Le pamplemousse est coupé au tiers et vidé. Le tiers correspond au toit, posé sur les deux tiers du reste, dans lequel on a découpé la fenêtre et la porte. La boule de pain est un peu érodée de la base pour prendre une forme d'igloo.

4 Ménager dans le sol de l'espace pour dessiner un chemin qui mène à la cabane en fromage à tartiner, le border de grains de maïs et parsemer des graines de pavot. Le chemin violet est fait en graines germées de chou rouge.

5 Le petit lac est en guacamole (de l'avocat mixé et assaisonné) bordé de pois chiches, avec un pont de pain.

6 Les radis sont incisés au couteau pointu puis plongés dans l'eau glacée, ce qui leur permet de s'ouvrir comme des fleurs. On peut ajouter un grain de maïs au centre.

7 D'autres radis sont taillés en pointe pour faire les souris, les éclats supprimés servant à faire les oreilles. La racine du radis fait la queue et on ajoute des graines de pavot pour les yeux.

8 Les champignons sont en œufs de caille durs, écalés, recouverts d'une demi-tomate cerise et de points de mayonnaise.

9 Les asperges (cuites croquantes) tiennent debout grâce aux bretzels dans lesquels elles sont plantées. Les bouquets de brocolis sont peu cuits (10 minutes) pour rester croquants. On les coupe comme des petits arbres. Idem pour le chou-fleur, mais cru.

10 Les personnages et le chien sont en mini-saucisses, membres en cure-dents et tête en pois chiche. Il ne reste plus qu'à semer un peu d'herbe (ciboulette) et à parsemer du gravier (graines de sésame).

LA CROQUE-PARTY
AU FER À REPASSER

INGRÉDIENTS & MATÉRIEL

DU PAIN DE MIE COMPLET (PLUS NOURRISSANT QUE LE BLANC)
DU BEURRE OU UNE MARGARINE VÉGÉTALE
DU FROMAGE RÂPÉ OU EN TRANCHES FINES
DU JAMBON OU UNE ALTERNATIVE VÉGÉTARIENNE
AUTRES GARNITURES AU CHOIX
(OIGNONS GRILLÉS, CHAMPIGNONS EN LAMELLES, POIVRONS ÉMINCÉS, NOIX, TRANCHES DE POMME...)
DU PAPIER D'ALUMINIUM
UN OU PLUSIEURS FERS À REPASSER
UNE OU PLUSIEURS TABLES À REPASSER

COMMENT FAIRE

1 Préparer un buffet avec les ingrédients et proposer aux invités de se préparer eux-mêmes leur croque-monsieur : beurrer l'intérieur des tranches de pain de mie, garnir de fromage et d'autres ingrédients au choix, puis emballer le sandwich dans du papier d'aluminium (une seule épaisseur, surtout).

2 Tour à tour, poser le fer à repasser bien chaud sur le croque-monsieur jusqu'à faire fondre le fromage, soit environ 3 minutes par face (c'est facile : le temps d'une chanson).

3 Déguster tout chaud fondant et passer le fer à son voisin. On ne va pas vous faire croire que c'est une méthode plus pratique qu'un appareil dédié aux croque-monsieur... mais c'est plus amusant ! On est debout, la table est haute, c'est convivial, les autres sont autour à attendre la surprise du résultat, on discute et on rigole... Et il n'y a pas de vaisselle à faire ensuite.

Le secret pour que ça marche : une seule épaisseur de papier d'aluminium.

Le test du fromage fondu. Miam !

PARTY
calor

L'EXPÉRIENCE DES SPAGHETTIS
QUI TRAVERSENT LES SAUCISSES

INGRÉDIENTS & MATÉRIEL
DES SPAGHETTIS CRUS
DES SAUCISSES (DE PORC OU DE SOJA)
UNE CASSEROLE D'EAU SALÉE

Dans le genre régressif une autre recette épatante : les roudoudous en bonbons fondus au four dans des coquillages.

COMMENT FAIRE
1 S'amuser à faire traverser des spaghettis crus à travers des saucisses, soit entières, soit en tronçons. On peut faire toutes sortes de sculptures, des monstres, des soleils...

2 Faire cuire l'ensemble dans une casserole d'eau bouillante salée en suivant les indications sur le paquet de pâtes. Puis égoutter.

3 Voilà, c'est tout, ça ne sert à rien et ce n'est pas gastronomique. C'est juste drôle de voir les spaghettis tout mous traverser les saucisses. Ça rappelle les cheveux de pâte à modeler quand on jouait au coiffeur. C'est gratuit, bizarre, joli. Ça rappelle l'enfance, en fait, à un âge où on est sur le point de la quitter, alors qu'on a encore des étoiles dans les yeux...

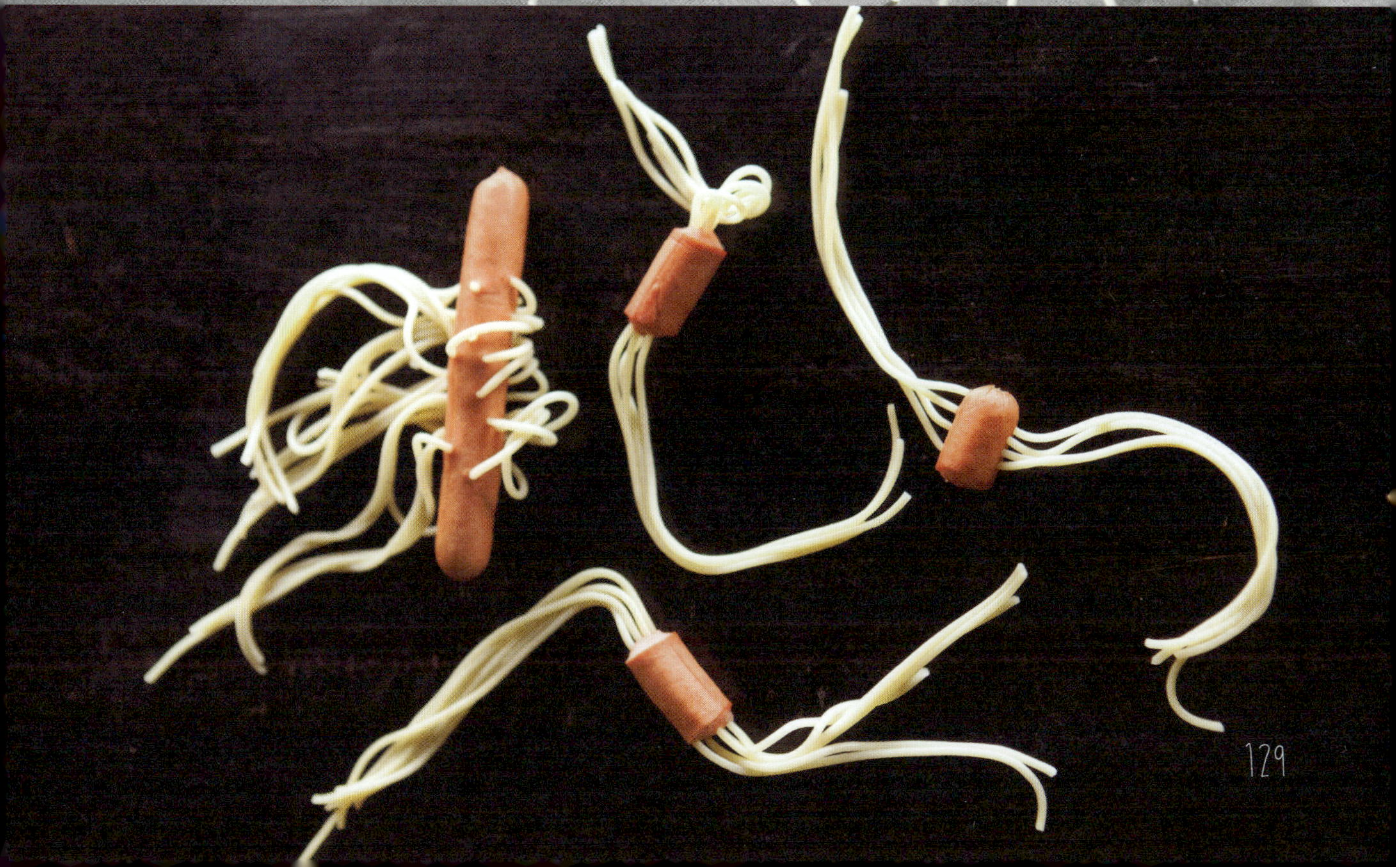

LES VERRES EN AMPOULES
POUR UN BUFFET DE FÊTE

MATÉRIEL

DES AMPOULES QUI NE FONCTIONNENT PLUS
UNE PINCE À BOUT POINTU
UNE VRILLE
UN TOURNEVIS
UN MARTEAU

Un autre usage d'une ampoule vide : un petit vase suspendu.

COMMENT FAIRE

1 Commencer par retirer la petite tête métallique au centre de la zone noire, au pied de l'ampoule. On peut s'aider de la pince, voire d'un cutter. Elle saute assez facilement.

2 Ensuite, pour casser l'anneau de plastique noir, on peut enfiler une vrille dans le trou central puis s'en servir comme pivot, et on finit de briser les morceaux à la pince.

3 Enfiler le tournevis dans l'ampoule et casser l'intérieur en tapant délicatement avec le marteau. Si on travaille au sol, on peut tenir l'ampoule avec les genoux, car elle est fragile. Attention aux éclats de verre (dans les yeux et au sol). Retirer les morceaux avec la pince pointue et passer aussitôt l'aspirateur.

4 Cette ampoule vide est très inspirante ! On peut en faire un mobile, un vase, une lampe à huile, une boule à neige... Pour une fête, on peut s'amuser à récupérer un grand nombre d'ampoules et les transformer en verres, à condition de boire en y plantant une paille. C'est joli et insolite. Il suffit de les disposer sur une boîte à œufs, sur un lit de sable ou de gros sel ou encore sur un plateau de glace pilée, en été, avec des cocktails colorés à l'intérieur. Vos amis n'auront sûrement jamais vu ça...

LES MUFFINS INDIVIDUELS
AVEC UN RESTE DE GLACE

Première étape : faire fondre la glace.
Déjà, c'est bizarre !

Prêts à cuire : glace au chocolat + pépites de chocolat, glace au caramel + éclats d'amandes, glace vanille-fraise + framboises.

INGRÉDIENTS

40 G DE CRÈME GLACÉE (PARFUM AU CHOIX)
25 G DE FARINE
1 POINTE DE COUTEAU DE LEVURE
FACULTATIF : DES ÉLÉMENTS DE GARNITURE
(NOISETTES, ÉCLATS DE CHOCOLAT, MORCEAUX DE FRUITS...)

COMMENT FAIRE

1 Lancer le préchauffage du four pour gagner du temps, puis aller voir dans le congélateur ce qui reste comme fond de crème glacée dans les bacs. Car l'intérêt de cette recette, c'est qu'on peut se cuisiner en solo un petit gâteau rapide avec seulement trois ingrédients, et utiliser ainsi un reste de glace oublié. Le résultat est toujours un peu une surprise. Attention, ça ne fonctionne pas aussi bien avec les sorbets.

2 Faire fondre dans une petite casserole 40 g de crème glacée (ce qui correspond à peu près à 2 grandes cuillerées).

3 Couper le feu et ajouter 25 g de farine (c'est-à-dire aussi à peu près 2 cuillerées à soupe légèrement bombées) ainsi qu'une pointe de couteau de levure chimique. Bien mélanger.

4 Verser cette préparation dans un petit moule à muffin en silicone. Enfoncer quelques éléments de garniture si on en a sous la main et en fonction du parfum de la glace.

5 Faire cuire au four à 180 °C pendant 20 minutes environ. Laisser tiédir, démouler et déguster. Le résultat sera forcément très différent selon la glace choisie, mais c'est ça la surprise !

UN BOUNTY GÉANT
EN PETITS BOUNTY® ÉPLUCHÉS

INGRÉDIENTS & MATÉRIEL

20 BOUNTY®
UN COUTEAU
UNE CASSEROLE
DU PAPIER CUISSON
UN ROULEAU À PÂTISSERIE

COMMENT FAIRE

1 Retirer les emballages des Bounty® et s'amuser à les éplucher, comme si c'étaient des légumes. Eh oui, c'est ça qui est drôle : on pèle le chocolat et on le dépose dans une casserole tandis qu'on met à part l'intérieur des Bounty®, à base de noix de coco. La recette n'est pas plus compliquée que ça, c'est l'idée qui est amusante.

2 Faire fondre le chocolat à feu très doux. Il ne doit surtout pas brûler. (Les cuisiniers précautionneux préféreront le faire au bain-marie.)

3 Pendant ce temps, modeler un Bounty géant en rassemblant tous les fourrages à la noix de coco.

4 Quand le chocolat a fondu, il forme une sorte de pâte. L'étendre sur du papier cuisson, la recouvrir d'une seconde feuille de papier cuisson et passer le rouleau à pâtisserie pour obtenir une belle plaque souple. Travailler très vite, car le chocolat durcit !

5 Envelopper le corps de coco avec cette plaque de chocolat, finir avec les mains, comme si c'était de la pâte à modeler.

6 Ce gros Bounty se sert comme un gâteau. S'il est trop dur à couper, faire chauffer le couteau en le plongeant dans de l'eau bouillante.

Epluchage des friandises.
Mais on ne jette pas les épluchures !

Phase de pâte à modeler.

Top chrono, on enveloppe de chocolat.

LA MOUSSE AU CHOCOLAT
SANS ŒUFS... AUX POIS CHICHES !

INGRÉDIENTS

1 BOÎTE DE POIS CHICHES (SEULEMENT POUR LE LIQUIDE)
100 G DE CHOCOLAT DE CUISSON

COMMENT FAIRE

1 Vider les pois chiches dans une passoire en prenant soin de récupérer le liquide. C'est lui va remplacer les œufs pour faire de la mousse. Incroyable mais vrai ! D'ailleurs, si vous versez ensuite de l'eau dans la boîte de pois chiches pour les rincer, vous constaterez qu'elle mousse beaucoup...

2 Peser ce liquide. On utilisera le même poids de liquide et de chocolat. Donc, pour une plaque de 100 g de chocolat, conserver 100 g de jus de cuisson des pois chiches et le fouetter au fouet. Il va devenir presque aussi ferme que des blancs en neige.

3 Casser la tablette de chocolat encore emballée en la tapant sur la table, puis verser les miettes dans un bol et les faire fondre au bain-marie dans une casserole d'eau chaude.

4 Mélanger dans un saladier un tiers de la neige de pois chiches avec le chocolat fondu. Bien tourner. Ajouter ensuite le reste de la neige et l'incorporer délicatement à la spatule souple. Le résultat peut sembler un peu liquide. Confiance ! La magie va opérer.

5 Verser la mousse dans des ramequins et la faire prendre au réfrigérateur pendant 2 heures au moins. Elle peut se conserver intacte pendant plusieurs jours.

Une astuce végane pour laisser les poules un peu tranquilles.

L'eau de pois chiches, ça mousse drôlement bien et ça ne se sent pas au goût.

Une fois le mélange prêt, goûter : on peut choisir d'ajouter du sucre.

LA GLACE AUX BONBONS EN ROULEAU

Une plaque belle comme un champ de bonbons vu du ciel.

Là, ça se corse, car il faut faire très vite avant la fonte !

INGRÉDIENTS & MATÉRIEL

1 TUBE DE LAIT CONCENTRÉ SUCRÉ (170 G)
1 BRIQUE DE CRÈME LIQUIDE ENTIÈRE (20 CL)
DES BONBONS COLORÉS AU CHOCOLAT
DES BILLES DE SUCRE COLORÉ POUR DÉCORER
FACULTATIF : ARÔME AU CHOIX
UN FOUET ÉLECTRIQUE
UNE PLAQUE QUI RENTRE DANS LE CONGÉLATEUR
UNE SPATULE
DU PAPIER CUISSON

COMMENT FAIRE

1 Verser la crème liquide dans un saladier à hauts bords et la fouetter au fouet électrique pour la faire monter (ça marche mieux si elle est froide).

2 Vider le tube de lait concentré sucré dans le saladier et le mélanger délicatement à la crème fouettée.

3 À ce stade, on peut laisser le mélange tel quel ou lui incorporer un parfum : arôme naturel de vanille ou d'amande, cannelle en poudre, zeste de citron finement râpé, cardamome...

4 Verser le mélange sur une plaque (ou dans un grand plat rectangulaire). Attention ! La couche de crème doit faire entre 3 et 5 mm seulement si on tient à la rouler ensuite. On peut verser le reste dans des petits moules pour faire des glaces ordinaires.

5 Saupoudrer des billes de sucre coloré et parsemer la plaque de bonbons au chocolat.

6 Tout mettre au congélateur pour 2 heures au moins.

7 Quand la glace a pris, découper de grandes bandes de la largeur de la spatule puis décoller chaque bande à la spatule. Si tout va bien, la glace s'enroule sur elle-même. Si elle est un peu trop épaisse et trop raide (c'est ce qui nous est arrivé au moment de faire la photo !), la retourner sur une feuille de papier cuisson et l'enrouler aussitôt sur elle-même dans l'autre sens pour que les bonbons soient bien apparents.

8 Saupoudrer à nouveau de petites billes colorées et servir aussitôt. Et si jamais la manipulation tourne au carnage, ce n'est pas très grave, on en rigole, et c'est quand même une très bonne recette de base pour faire une crème glacée superfacile et personnalisable à volonté !

LES CHEWING-GUMS
FAITS MAIN

INGRÉDIENTS

DU GLUTEN EN POUDRE (EN MAGASIN BIO)
DU SIROP (EN PHOTO : DE MENTHE)

COMMENT FAIRE

1 Mettre un peu de gluten dans un bol, ajouter du sirop et mélanger jusqu'à obtenir la consistance désirée.

2 Bien malaxer, puis former des petites boulettes. Et voilà, c'est prêt à mâcher ! Si on laisse les boulettes à l'air libre, elles vont durcir en surface. Au bout de quelques jours, elles deviennent trop dures pour pouvoir être mâchées facilement. On peut aussi les conserver quelques jours dans un verre d'eau, afin qu'elles restent souples.

3 Pour fabriquer une boîte à chewing-gums, on a tout simplement retourné puis recollé une boîte en carton (des sachets d'agar-agar) et ajouté une étiquette.

La phase de modelage : la bonne consistance se devine au toucher.

Les chewing-gums tout frais, prêts à être mastiqués.

CHEWING-GUMS
• MAISON •

INDEX ALPHABÉTIQUE

À DÉCOUVRIR DANS LA MÊME COLLECTION

Comment épater sa fille
Comment épater son fils
Comment épater ses petits-enfants
Comment épater les enfants (compilation)
Comment épater son chat
Comment épater des enfants les jours de pluie
Comment occuper les enfants... sans s'occuper d'eux

REMERCIEMENTS

Merci à ma fille Avril, ma belle, ingénieuse et patiente assistante, avec laquelle cette collection a été créée et dont les titres ont suivi l'âge. Merci aussi aux autres enfants qui ont posé dans ce livre : Ida, Ella, Charlotte, Samuel et Agathe.

Tana S'ENGAGE

TANA est un éditeur qui s'engage pour la préservation de l'environnement et qui utilise du papier issu de forêts bien gérées certifiées FSC® et d'autres sources contrôlées.

Ce livre a été imprimé en France par un imprimeur certifié Imprim'Vert® avec des encres végétales. La couverture ne comprend pas de pelliculage contenant du plastique.

Textes : Raphaële Vidaling
Photographies : Raphaële Vidaling
Création du principe de couverture : Marina Delranc
Mise en pages : Raphaële Vidaling
Correction : Sophie Hofnung
Photogravure : Axiome
Fabrication : Céline Premel-Cabic

Rejoignez-nous sur :
www.tana.fr

FSC
www.fsc.org
MIXTE
Papier issu de sources responsables
FSC® C003309

IMPRIM'VERT®